Martin Baierl

Praxishandbuch Rituale für die Kinder- und Jugendhilfe

Spiritualität als Resilienzfaktor erleben

Vandenhoeck & Ruprecht

Dieses Buch ist meinem Leitstern gewidmet.

VONWEGEN bietet Weiterbildungen, Beratung und Supervision rund um die (sozial-)pädagogischen sowie psychotherapeutischen Bedarfe junger Menschen, die psychische Auffälligkeiten zeigen.
Die Angebote schlagen eine Brücke zwischen pädagogischer Kompetenz, psychologisch-therapeutischem Fachwissen und der Weiterentwicklung des eigenen professionellen Selbstverständnisses. Fundiertes Fachwissen wird ebenso vermittelt, wie wirkungsvolle pädagogische sowie therapeutische Handlungsmöglichkeiten und Rahmensetzungen. Grundlage ist eine wert-schätzende Haltung gegenüber den jungen Menschen, deren Familien sowie Kolleg*innen und sich selbst gegenüber.

www.vonwegen.biz

Bibliografische Information der Deutschen Nationalbibliothek:
Die Deutsche Nationalbibliothek verzeichnet diese Publikation in der
Deutschen Nationalbibliografie; detaillierte bibliografische Daten sind
im Internet über https://dnb.de abrufbar.

© 2020, Vandenhoeck & Ruprecht GmbH & Co. KG,
Theaterstraße 13, D-37073 Göttingen
Alle Rechte vorbehalten. Das Werk und seine Teile sind urheberrechtlich geschützt. Jede Verwertung in anderen als den gesetzlich zugelassenen Fällen bedarf der vorherigen schriftlichen Einwilligung des Verlages.

Umschlagabbildung: © WindyNight – stock.adobe.com

Satz: SchwabScantechnik, Göttingen
Druck und Bindung: ♻ Hubert & Co. BuchPartner, Göttingen
Printed in the EU

Vandenhoeck & Ruprecht Verlage | www.vandenhoeck-ruprecht-verlage.com

ISBN 978-3-525-69012-3

Inhalt

Einführung 11

1 Was ist Spiritualität? 14
  1.1 Definitionen von Spiritualität 14
    1.1.1 Spiritualität als Verbindung mit einer
          höheren Macht 14
    1.1.2 Spiritualität als Religiosität 15
    1.1.3 Spiritualität als Verbindung mit den Spirits 15
    1.1.4 Spiritualität als Erfahrung von Transzendenz   16
    1.1.5 Spiritualität als Sinnfindung und Umgang mit
          existenziellen Fragen 16
    1.1.6 Spiritualität als eine ethisch begründete
          Lebensweise 17
    1.1.7 Spiritualität als Ausdruck einer psychischen
          Störung 17
  1.2 Spiritualität als Fantasie versus das Erleben einer
      äußeren Wahrheit 18
  1.3 Zentrale Dimensionen von Spiritualität 18
  1.4 Was verstehen Kinder und Jugendliche unter
      Spiritualität? 20
  1.5 Sinnfindung als gemeinsames Element aller
      Spiritualitätsdefinitionen 23
  1.6 Auf einen Blick 24

2 Spiritualität als Resilienz- oder Risikofaktor –
  Ein unverzichtbarer Teil der Kinder- und Jugendhilfe ... 26
  2.1 Spirituelle Erziehung ist ein Menschenrecht 26
  2.2 Spiritualität als Stiefkind der Jugendhilfe 27
  2.3 Spiritualität als Teil der kindlich-jugendlichen
      Entwicklung 28
  2.4 Gibt es positive und negative Spiritualität? 29

2.4.1 *Der Wertehintergrund dieses Buches* 29
2.4.2 *»Positive« Spiritualität* 30
2.4.3 *»Negative« Spiritualität* 30
2.5 Spiritualität als Resilienzfaktor in der Kinder- und Jugendhilfe 31
    2.5.1 *Förderung der individuellen und sozialen Entwicklung* 31
    2.5.2 *Förderung von Eigenverantwortlichkeit, Selbstständigkeit und Verantwortungsbewusstsein* ... 32
    2.5.3 *Förderung von Gemeinschaftsfähigkeit* 32
    2.5.4 *Schaffung positiver Lebensbedingungen für junge Menschen und deren Familien* 32
    2.5.5 *Schutz der Kinder und Jugendlichen vor Gefahren sowie die Befähigung derselben, sich vor gefährdenden Einflüssen schützen zu können* 33
    2.5.6 *Berücksichtigung der Religiosität/Spiritualität der jungen Menschen* 33
    2.5.7 *Berücksichtigung der kulturellen Bedürfnisse der jungen Menschen* 34
    2.5.8 *Spiritualität als Teil von Lebensweltorientierung* 34
    2.5.9 *Spiritualität als Teil des Bildungsauftrags* 35
    2.5.10 *Spiritualität als Orientierungshilfe* 36
    2.5.11 *Spirituelle Heilweisen* 37
2.6 Spiritualität als Risikofaktor 38
    2.6.1 *Missbrauch und andere Gewalt in spirituellen Kontexten* 38
    2.6.2 *Spiritualität, welche die Selbstverantwortlichkeit einschränkt* 39
    2.6.3 *Extrinsische versus intrinsische Spiritualität* ... 39
    2.6.4 *Positives und negatives spirituelles Coping* 40
    2.6.5 *Spirituelle Grundannahmen, die als Risikofaktoren wirken können* 41
    2.6.6 *Spiritualität und Fundamentalismus* 42
    2.6.7 *Jugendsekten und Satanismus* 43
2.7 Übersicht: Spiritualität als Resilienz- bzw. Risikofaktor 43
2.8 Hilfen zur Bewertung spiritueller Gruppen 45

Inhalt

    2.8.1 Bonewits' Sektengefahr Checkliste 45
    2.8.2 Zusätzliche Kriterien und Fragen 46
2.9 Schlussfolgerungen für die Kinder- und Jugendhilfe . 47
2.10 Auf einen Blick 48

3 Spiritualität im Jugendhilfealltag – Hilfen zur Umsetzung 50
3.1 Selbstverständlichkeit von Spiritualität 50
    3.1.1 Über Spiritualität reden 51
    3.1.2 Nutzen der allgemeinen Dimensionen von Spiritualität 51
    3.1.3 Orientierung an der Spiritualität der Betreuten unter Berücksichtigen der eigenen Spiritualität 51
    3.1.4 Eigene und fremde Spiritualität 52
    3.1.5 Wahrheit und Wirklichkeit 54
    3.1.6 Spiritualität als Fantasie oder Erleben einer äußeren Wahrheit 55
    3.1.7 Die Macht der Sprache 55
3.2 Ausgewählte Spirituelle Handlungen 56
    3.2.1 Gebete und Co. 56
    3.2.2 Essen und Trinken 57
    3.2.3 Kleidung 57
3.3 Spiritualität in Gruppen 58
3.4 Erlebnispädagogik als Raum für spirituelle Erfahrungen 59
3.5 Existenzielle Fragen 60
3.6 Umgang mit Spiritualität, die einen Risikofaktor darstellt 60
    3.6.1 Allgemeiner Umgang mit Risikofaktoren 60
    3.6.2 Stärken und Stabilisieren 60
    3.6.3 Religiöser Extremismus 61
    3.6.4 Spiritualität und Gewalt 62
    3.6.5 Gewaltlegitimierende Männlichkeitsnormen ... 63
    3.6.6 Spirituelle Autoritäten 64
    3.6.7 Traumatisierung in spirituellen Kontexten 65
    3.6.8 Spiritualität von Mitarbeitenden als Risikofaktor 65

3.7 Leitlinien für den pädagogischen Umgang
mit Spiritualität 66
3.8 Auf einen Blick 67

4 Die eigene Spiritualität erforschen – Werkzeuge für Mitarbeiter*innen wie Betreute 69

4.1 Spirituelle Diagnostik 70
    4.1.1 HOPE 70
    4.1.2 SPIR 71
    4.1.3 Hilfreiche Fragen zur Erforschung spiritueller Wirklichkeiten 72
4.2 Spiritualität von Mitarbeiter*innen 74
    *4.2.1 Fragen für Mitarbeiter*innen* 74
    *4.2.2 Der Spirituelle Lebenslauf – ein Werkzeug nicht nur für Mitarbeiter*innen* 75
4.3 Auf einen Blick 78

5 Rituale in der Kinder- und Jugendhilfe – Definitionen und Wirkweisen 79

5.1 Wieso Rituale? 79
5.2 Vier Ritualtypen 80
5.3 Exkurs: Ritualgeschichte und Ritualforschung 82
5.4 Wozu Rituale gut sind 83
5.5 Rituale wirken auf vielen Ebenen 85
    5.5.1 Symbolische Handlungen bzw. Metaphern 86
    5.5.2 Gemeinschaftserleben 86
    5.5.3 Trance bzw. veränderte Bewusstseinszustände . . 86
    5.5.4 Selbstwirksamkeit 87
    5.5.5 Kreative Prozesse 87
    5.5.6 Physiologie 87
    5.5.7 Kommunikation 88
    5.5.8 Zusammenarbeit mit den Spirits 88
5.6 Auf einen Blick 89

6 Ritualbaukasten 92

6.1 Die 5 Phasen von Ritualen 93
    6.1.1 Die Vorbereitungsphase 93

	6.1.2	*Loslösung vom Alltag und in Stimmung kommen*	98

- 6.1.2 *Loslösung vom Alltag und in Stimmung kommen* 98
- 6.1.3 *Das Ritual an sich* 99
- 6.1.4 *Abschluss und Rückkehr in den Alltag* 101
- 6.1.5 *Nachklang und evtl. Nachbereitung* 102
- 6.2 Ritualbausteine 103
  - 6.2.1 *Atmosphäre* 103
  - 6.2.2 *Besonderheit* 103
  - 6.2.3 *Besondere Zeit(en)* 104
  - 6.2.4 *Besonderer Ort bzw. speziell gestalteter Ort* 105
  - 6.2.5 *Besondere Menschen* 106
  - 6.2.6 *Besondere/r Kleidung/Schmuck/ Körpergestaltung* 107
  - 6.2.7 *Besondere Handlungen bzw. speziell ausgeführte Handlungen und Gesten* 108
  - 6.2.8 *Körperlichkeit* 111
  - 6.2.9 *Verstand und Bedeutungsgebung* 112
  - 6.2.10 *Symbole* 112
  - 6.2.11 *Steine und Pflanzen* 115
  - 6.2.12 *Musik* 115
  - 6.2.13 *Spirits, Kräfte und Energien* 117
  - 6.2.14 *Gaben versus Opfer* 118
  - 6.2.15 *Speisen und Getränke* 119
  - 6.2.16 *Feiern als Wohltat für Körper Geist und Seele* 120
- 6.3 Rituale und gemischt spirituelle Gruppen 121
- 6.4 Hilfreiche Rahmensetzungen 122
  - 6.4.1 *Freiwilligkeit* 122
  - 6.4.2 *Sich einlassen können* 122
  - 6.4.3 *Struktur halten* 124
- 6.5 Tabus 124
- 6.6 Auf einen Blick 125

7 Rituale für die Kinder- und Jugendhilfe 127
- 7.1 Heile Vision 128
- 7.2 Gold würdigen 129
- 7.3 Weaver-Bundle 130
- 7.4 Holundergold 133

7.5	Wunsch-/Dankes-/Segensbaum	134
7.6	Jahresfeste	135
7.7	Erntefest	137
7.8	Religionsfeiern für alle	138
	7.8.1 Weihnachten	*139*
	7.8.2 Ostern	*140*
7.9	Feuer-Springen	141
7.10	Sonne trinken 1	143
7.11	Sonne trinken 2	143
7.12	Gedenkrunde	144
7.13	Beispiele für weitere Trauerrituale	145
7.14	Durch das Tor gehen	145
7.15	Abschiede und Übergänge	146
7.16	Schlechte Erfahrung hinter sich lassen	146
7.17	Der Diamant meiner Erfahrungen	147
7.18	Chanten	147
7.19	Unsere Welt-Ritual	149
7.20	Sich mit Himmel und Erde verbinden	149
7.21	Himmel und Erde verbinden	150
7.22	Erdheilungszeremonie	151
7.23	Die eigenen Sterne ordnen	151
7.24	Die alte Haut abstreifen	153
7.25	Das Alte ehren	154
7.26	Tisch- und Nachtgebete	156
7.27	Geburtstage und andere persönliche Feiertage	156
7.28	Motherstick	158
7.29	Vaterspirale	161
7.30	Wir gehören zusammen	163
7.31	Feiern in Abwesenheit	163
7.32	Rituale nicht nur für Kinder und Jugendliche	163
7.33	Auf einen Blick	164

Literatur 166

Einführung

> »Es geht auf diesem Weg nicht darum, viel zu denken, sondern viel zu lieben. Was am meisten Liebe in Euch weckt, das tut.«
> (Teresa von Ávila)

Zu diesem Buch

Spiritualität kann solch einen Reichtum bescheren – und in solche Abgründe führen –, dass es mir unverständlich ist, dass Spiritualität als Resilienz- bzw. Risikofaktor in der Kinder- und Jugendhilfe so gut wie keine Rolle spielt. Nach von Gontard (2015) machen alle Kinder und Jugendlichen spirituelle Erfahrungen. Gemäß der UN-Kinderrechtkonvention (1989) haben Minderjährige ein Recht auf Anerkennung, Begleitung und Förderung ihrer Spiritualität. Dieses Buch soll dazu beitragen, dass Mitarbeitende jeglicher (nicht-)spirituellen Ausrichtung Kinder und Jugendliche jeder (nicht-)spirituellen Ausrichtung darin unterstützen, stärkende spirituelle Erfahrungen zu machen. Ebenso soll es dazu beitragen, dass spirituelle Begleitung und Förderung genauso selbstverständlich Teil der Kinder- und Jugendhilfe werden wie der Umgang mit anderen zentralen Themen.

Gemäß Streib (2017) definieren Jugendliche ihre Spiritualität vor allem über eigene mystische Erfahrungen.[1] Rituale sind ein ideales Werkzeug dafür, Erlebnisräume zu eröffnen, in denen mystische Erfahrungen gemacht werden können. Zudem wirken Rituale auf so vielen Ebenen, dass auch Menschen mit sehr unterschiedlichen spirituellen Weltbildern im Ritual gemeinsame spirituelle Erfahrungen machen können.

Im ersten Teil des Buches wird aufgezeigt, wie unterschiedlich der Begriff »Spiritualität« gefüllt werden kann, welche positiven wie negativen Auswirkungen Spiritualität haben kann, und wie resilienz-

---

1 Z. B. Verlust des Raum-Zeit-Gefühls, Wunder, Begegnung mit dem Heiligen und andere Erfahrungen, die man nicht in Worte fassen kann (Streib 2017).

fördernde Spiritualität in der Kinder- und Jugendhilfe gefördert werden kann.

Der zweite Teil enthält eine ausführliche Anleitung, um Rituale selbst zu entwickeln. Zudem wird die Vielfalt der Ebenen dargestellt, durch die Rituale ihre Wirksamkeit entfalten. Den Abschluss bilden zahlreiche Rituale, die Sie direkt für Ihre Arbeit nutzen können.

Unter Erzieher*innen bzw. Pädagog*innen werden sämtliche Mitarbeitende der Kinder- und Jugendhilfe zusammengefasst, unabhängig davon, welche tatsächliche Berufsausbildung diese haben. Die Begriffe »Kinder«, »Jugendliche«, »junge Menschen« werden austauschbar verwendet, sofern der Kontext nicht deutlich macht, dass nur eine dieser Gruppen gemeint ist.

Zu meinem spirituellen Hintergrund

Neben aller Fachlichkeit ist ein Buch wie dieses notwendigerweise auch von der Spiritualität des Autors geprägt. Daher kurz ein paar Sätze zu meinem spirituellen Hintergrund. Bis zum Zivildienst bin ich ganz im christlichen Glauben aufgegangen und habe einen guten Teil meiner Freizeit in der katholischen und evangelischen Jugend verbracht. Mit 20 folgte ein Praktikum in einem Institut für Hypnosetherapie. Damals lernte ich, dass alles, was ich bisher als reale Begegnungen mit »Spirits«[2] erlebt hatte, auch rein psychisch erklärt werden kann. Dies wurde durch das Psychologiestudium noch gestärkt. Parallel dazu war ich in der evangelischen Studierendengemeinde beheimatet. Im Rahmen vielfältiger psychotherapeutischer Ausbildungen bin ich mit Vertreter*innen diverser spiritueller Heilweisen in Kontakt gekommen. Im Rahmen eines Praktikums in einem amerikanischen Krankenhaus musste ich – wie alle Angestellten dort – »Healing Touch« lernen; eine wissenschaftlich belegte energetische Heilweise. Systemaufstellungen habe ich u. a. bei Daan van Kampenhout gelernt, der als Psychotherapeut, Rabbi und Schamane in vielen Wirklichkeiten gleichzeitig unterwegs ist. In Reiki bin ich ebenso ausgebildet wie in Energetischer Psychologie (EDxTM) und der schamanischen Energiemedizin. Als Verhaltenstherapeut,

---

2 Zur Definition von Spirits s. Kapitel 1.1.

systemischer Supervisor, NLP-Trainer und hypnosystemischer Organisationsberater habe ich weitere Weltmodelle integriert. So habe ich immer mehr Spirits, Energien und wissenschaftliche Modelle kennengelernt, die zu ganz unterschiedlichen (nicht-)spirituellen Welten gehören.

In all diesen Richtungen habe ich Rituale als bedeutsame und wirksame Werkzeuge kennengelernt, die je nach Kontext völlig unterschiedlich erklärt werden. Mittlerweile kann ich auf mehrere Jahrzehnte der aktiven Ritualarbeit zurückblicken.

Als Berater, Supervisor und Ausbilder begleite ich Einrichtungen der Kinder- und Jugendhilfe im deutschsprachigen Raum rund um die Bedarfe junger Menschen mit psychischen Auffälligkeiten. Als Ausbilder in keltischer Energiemedizin unterrichte ich gemeinsam mit meiner Frau Schüler*innen aus Westeuropa. Je nach Kontext kommen in dieser Vielfalt sehr unterschiedliche Welterklärungen zum Tragen. Ich persönlich habe mittlerweile viele Erfahrungen, die sich mit keinem mir bekannten psychologischen Modell erklären lassen. So gehe ich davon aus, dass spirituelle Erfahrungen auf der Begegnung mit tatsächlich existierenden Spirits und Energien beruhen. Arbeite ich aber mit Klient*innen oder Kund*innen, die in anderen (nicht-)spirituellen Wirklichkeiten leben, orientiere ich mich gerne an diesen. Rituale habe ich als geniale Werkzeuge dafür erlebt, wie Menschen unterschiedlichster Weltbilder und Wirklichkeiten gemeinsam bedeutsame spirituelle Erfahrungen machen können.

1 Was ist Spiritualität?

> »Liebe für das Leben. Liebende des Lebens. Liebende.
> Das ist Spiritualität.«
> (Matthew Fox)

In diesem Kapitel wird deutlich, wie vielfältig der Begriff »Spiritualität« verstanden werden kann. Definitionen aus der Fachwelt werden dabei ebenso berücksichtigt wie die Sicht von Jugendlichen.

1.1 Definitionen von Spiritualität

Der Begriff »Spiritualität« wird derzeit so unterschiedlich genutzt, dass zwei Menschen, die von Spiritualität sprechen, damit wahrscheinlich Unterschiedliches meinen. Die Vorstellung davon, was Spiritualität ist (oder nicht ist), prägt wesentlich unseren Umgang damit. Zentral dabei ist, zwischen Wahrheit und Wirklichkeit zu unterscheiden (→ Kapitel 3). Wichtig ist auch, zu erkennen und sich bewusst zu halten, dass jede Definition Teil eines Wirklichkeitsmodells ist und jede Form von Spiritualität in einem bestimmten Wirklichkeitsmodell verankert ist. Im Folgenden werden einige Definitionen von Spiritualität vorgestellt, die Ihnen wahrscheinlich im Kinder- und Jugendhilfealltag begegnen, die in der Spiritualitätsforschung verwendet werden und die im Kontext dieses Buches gut nutzbar sind.

1.1.1 Spiritualität als Verbindung mit einer höheren Macht

Der Begriff »Spiritualis« taucht erstmals im 2. Jh. n. Chr. in der Bibel auf. Dort bezeichnet er Menschen, die in ihrem Sein und Tun ganz vom Geist Gottes, dem »Spiritus sanctus«, erfüllt sind (vgl. Utsch 2014, S. 33). Verallgemeinert bedeutete Spiritualität also ursprünglich dreierlei: zum einen den Zustand des Durchdrungenseins durch das Heilige/Göttliche/Allumfassende, zum zweiten die Erfahrung des Einsseins mit ebendiesem und zum dritten das Motiviertsein und das Handeln aus diesem Zustand und diesem Sein heraus. Spiritualität in diesem Sinne prägt den Menschen auf allen Ebenen. Spirituelle

Erfahrungen wirken auf unser Sein, Denken, Fühlen und Handeln (vgl. Walach 2011, S. 23).

1.1.2 Spiritualität als Religiosität

In der deutschen Sprache taucht das Wort »Spiritualität« bis ins 18. Jahrhundert so gut wie gar nicht auf, und falls doch wurde es bis Mitte des letzten Jahrhunderts meist gleichbedeutend mit »Religiosität« oder »Frömmigkeit« genutzt (Bucher 2007). In diesem Sinne bezeichnet »Spiritualität« die Verwurzelung in einer bestimmten Religion und eine an diesem Glauben ausgerichtete Lebensführung. Von Gontard (2015, S. 19) definiert Religiosität als eine Einstellung, »die formal durch religiöse Institutionen, Glauben, Theologien und Rituale strukturiert ist. [...] ein überindividuelles System, deren Werte von den Mitgliedern einer Religion geteilt werden.«

Die meisten Spiritualitätsdefinitionen setzen weder eine Religionszugehörigkeit noch eine religiöse Wirklichkeit voraus, sondern betonen, dass Spiritualität innerhalb und außerhalb religiöser Kontexte gelebt werden kann. Die Gleichsetzung von Spiritualität und Religiosität wird heute überwiegend von in christlichen Kirchen verankerten Menschen genutzt (vgl. Grom 2011; Houtman, Aupers 2007) und teilweise mit »Christlichkeit« gleichgesetzt. Zudem spiegelt sich diese Definitionen in einem Teil der Spiritualitätsforschung wider, z. B. in der 18. Shell-Jugendstudie (Albert, Hurrelmann, Quenzel 2019). Dies führt dazu, dass nicht christliche bzw. nicht an kirchliche Praktiken angebundene Spiritualität in diesen Studien unzureichend erfasst wird. Streib (2017) zeigt deutlich, wie viel passgenauer die Ergebnisse sind, wenn differenziertere Definitionen verwendet werden.

1.1.3 Spiritualität als Verbindung mit den Spirits

Im Englischen ist »spirit« mit vielen Bedeutungen belegt. U. a. ist »spirit« die übergeordnete Bezeichnung für alle nicht körperlichen Wesen, wie z. B. Engel, Feen, Krafttiere, Gott oder Göttin. Im Deutschen ist die Bedeutung ähnlich und der Begriff »Spirit« ist aktuell von keiner religiösen Gruppe besetzt. Daher wird hier Spirit bzw. Spirits verwendet, wenn z. B. körperlose, transzendente, göttliche Wesen im Allgemeinen gemeint sind. Aus dieser Bedeutung heraus bedeutet »Spiritualität« eine Wirklichkeit, in der es Spirits gibt und das eigene Tun und Sein in Verbindung mit diesen gesehen wird. Dies drückt sich z. B. darin aus, dass ein*e Christ*in Gott als liebenden Vater erlebt und diese Beziehung sein*ihr Leben beeinflusst. Eine andere Variante ist, dass ein Mensch sich von einem Krafttier oder Schutzengel begleitet fühlt, mit diesem in Kontakt ist und (auch) aus dieser Verbindung heraus lebt. Oder jemand erlebt z. B. die Erde als Mutter, sieht Wind, Bäume oder Tiere als Spirits an und bezieht diese als Gegenüber in sein Leben mit ein (vgl. van Kampenhout 1996).

1.1.4 Spiritualität als Erfahrung von Transzendenz

»Transzendenz« bezeichnet Erfahrungen, die über das rein physikalisch-chemische hinausgehen sowie Erfahrungen und Bewusstsein, welche über das »Diesseits« hinausführen, also z. B. Jenseits- oder Anderswelterfahrungen beinhalten (vgl. Dudenredaktion o. J. c). Als transzendent wird zudem beschrieben, was den menschlichen Horizont übersteigt. Das Transzendente wird dabei oft als »das Heilige« beschrieben. Dies deckt sich mit der Definition der DGPPN (Deutsche Gesellschaft für Psychiatrie und Psychotherapie, Psychosomatik und Nervenheilkunde). Spiritualität wird dort als die persönliche Suche nach dem Heiligen, nach Verbundenheit oder Selbsttranszendenz definiert (DGPPN 2016). Bis zum Zeitalter der Aufklärung wurde das Transzendente und die Alltagsrealität als selbstverständlich miteinander verwoben angesehen. In vielen stark spirituell geprägten Kulturen ist dies bis heute so (vgl. Baierl 2014b).

1.1.5 Spiritualität als Sinnfindung und Umgang mit existenziellen Fragen

Fragen wie »Woher kommen wir?«, »Wieso gibt es Leid?« bzw. »Wieso leben die einen gut und die anderen in furchtbaren Verhältnissen?«, aber auch nach einem Sinn des Lebens, dem Sinn einzelner Erfahrungen oder weswegen gerade mir etwas Spezielles geschieht, werden als existenzielle Fragen bezeichnet, die sich die meisten, wenn nicht alle Menschen, irgendwann stellen. Die WHO (Weltgesundheitsorganisation) definiert Spiritualität als die Reflexion von Erfahrungen, die im Umgang mit existenziellen Fragen gemacht werden (WHO 1995 zit. nach Giebel 2017, S. 290 ff.). Spirituelles Wohlergehen wird von der WHO als ein Aspekt von Gesundheit angesehen (WHO 2005).

Die DGPPN (2016) betont, dass Sinn sowohl in weltlichen sowie in religiös-spirituellen Weltdeutungen erlebt werden kann. Spiritualität tritt demgemäß innerhalb und außerhalb religiöser Weltanschauungen auf. Sinnsuche bzw. Sinnfindung ist Bestandteil fast aller Spiritualitätsdefinitionen (→ Kapitel 1.5) und das Erleben von Sinn gilt als einer der stärksten Resilienzfaktoren überhaupt (→ Kapitel 2). Victor Frankl (2014) hat sehr eindringlich beschrieben, wie »Sinnhaftigkeit« das Überleben selbst unter Extrembelastungen fördern kann. Nicht nur er sieht die Erfahrung von »Sinn« als einen der zentralen Bedarfe des Menschseins an.

1.1.6 Spiritualität als eine ethisch begründete Lebensweise

Einige Spiritualitäts-Definitionen sehen die Orientierung an übergeordneten Werten als zentrales Element von Spiritualität (vgl. z. B. Bucher 2007; Steinmann 2015). Dies können Werte einer religiösen Glaubensrichtung oder jeder anderen Weltanschauung sein. Zum Beispiel wenn jemand die Menschenrechte als Leitschnur für das eigene Leben wählt oder besonderen Wert auf Achtsamkeit legt.

1.1.7 Spiritualität als Ausdruck einer psychischen Störung

Seit Freud (1907) wird diskutiert, ob Spiritualität Ausdruck einer psychischen Störung sei. Dem widerspricht die Definition der WHO (Vgl. Dilling, Mombour, Schmidt 2015) nach der psychische Störungen Leid verursachen und/oder das soziale Miteinander erschweren oder verunmöglichen. Die aktuelle Forschungslage (→ Kapitel 2) zeigt hingegen deutlich, dass die möglichen positiven Auswirkungen von Spiritualität die möglichen negativen um ein Vielfaches übersteigen. Spiritualität wirkt demgemäß eher leidmindernd und fördert das soziale Miteinander. Vitz (1995) sowie Utsch, Bonelli, Pfeifer (2014, S. 47 ff.) diskutieren ausführlich die Dynamiken hinter »antispirituellen« und »antireligiösen« Haltungen in Psychiatrie und Psychotherapie. Dass spirituelle Inhalte und Erfahrungen im Rahmen einer psychischen Symptomatik auftreten können, bleibt davon unbenommen. In diesem Fall ist eine präzise und respektvolle Diagnostik zur Unterscheidung von »Symptomatik« und »gesunder Spiritualität« notwendig.

1.2 Spiritualität als Fantasie versus das Erleben einer äußeren Wahrheit

Bezüglich Spiritualität gibt es zwei Grundweltbilder:
1. Spirituelle Erfahrungen entspringen der eigenen Fantasie und beziehen sich auf eingebildete Energien, Wesen oder Prozesse.
2. Spirituelle Erfahrungen beziehen sich auf ein reales »Gegenüber«. Das Heilige/All-Eine/Spirits/ein höherer Sinn/eine Anderswelt/ die Göttin/der Gott/bestimmte Energien ... existiert/existieren und wirken auf den Menschen ein, der eine spirituelle Erfahrung macht.

Beide Sichtweisen lassen sich trotz unzähliger Versuche (bisher) weder beweisen noch widerlegen. Auch die Ergebnisse der Hirnforschung (z. B. Persinger 2002a und b) werden, je nachdem, welches Wirklichkeitsmodell der Autor vertritt, als Beweis für die erste oder zweite Sichtweise ausgelegt. Sax, Quack, Weinhold (2010) diskutieren die Schwierigkeit, spirituelle Erfahrungen naturwissenschaftlich zu ergründen.

Wissenschaftlich lässt sich also nicht überprüfen, wie »wahr« spirituelle Wirklichkeiten sind. Was jedoch messbar und belegbar ist, sind die Auswirkungen dieser Wirklichkeiten sowie das Verhalten, das diesen entspringt. Diese werden im folgenden Kapitel besprochen. Zudem ist es in vielen Kontexten unwichtig, ob spirituelle Erfahrungen »wahr« sind oder der eigenen Fantasie entspringen. In beiden Fällen handelt es sich um bedeutsame Erlebnisse innerhalb der Wirklichkeit des*der Betreuten. Wirken diese resilienzfördernd, ist es unsere Aufgabe, dies zu stützen. Wirken sie als Risikofaktor, gilt es, diesen abzubauen oder einen guten Umgang damit zu finden.

1.3 Zentrale Dimensionen von Spiritualität

Da hunderte von Definitionen von »Spiritualität« existieren, gab es immer wieder den Versuch, herauszuarbeiten, welche Dimensionen die meisten (idealerweise alle) Definitionen gemeinsam haben. Vier davon werden hier stichwortartig vorgestellt:

Elkins et al. (1988, S. 5-18)

Elkins und Kollegen (1988) haben nach intensiver Literaturrecherche sowie der Befragung von Führungspersonen unterschiedlichster Religionen neun Dimensionen von Spiritualität herausgefiltert:
1. Transzendenz: Die Überzeugung, dass es diese gibt und/oder das Erleben derselben.
2. Erleben von Sinn- und Zweckhaftigkeit.
3. Lebensmission bzw. das Erleben, dass das eigene Leben im Dienst einer größeren Macht bzw. zur Erfüllung einer größeren Aufgabe gelebt wird.
4. Heiligkeit des Lebens: Die Natur bzw. alles Lebendige wird als heilig wahrgenommen.
5. Immaterielle Werte (die wichtiger sind als materielle).
6. Altruismus: Für Andere da sein bzw. zu sorgen.
7. Idealismus: Letztendlich die Wahrnehmung, dass das (eigene) Leben von Punkt 1–6 (oder Teilen davon) durchdrungen ist bzw. bestimmt wird.
8. Bewusstsein für Tragik: Anerkennung von Leid und Schmerz sowie deren Einbettung in größere Zusammenhänge.
9. Früchte der Spiritualität: Das Erleben, dass Punkt 1–8 (oder Teile davon) das eigene Leben bereichern.

Höllinger und Tripold (2012, S. 35f.)

1. Suche nach Sinn bzw. nach Antworten auf die zentralen Lebensfragen. Diese Suche ist innengeleitet (im Gegensatz zur Übernahme vorgegebener Antworten) und betont die Autonomie des Suchenden.
2. Die Überzeugung, dass neben oder über der Alltagsrealität noch eine höhere Realität (z. B. Gott, Lebenskraft, Anderswelt) existiert und diese besondere lebensbestimmende Bedeutung hat.
3. Praktiken, die das Ziel haben, mit dieser höheren Wirklichkeit in Kontakt zu leben und dieser einen Raum im eigenen Leben zu geben.
4. Das Bemühen, das eigene Potenzial und die eigene Persönlichkeit zu entfalten.

Utsch, Bonelli und Pfeifer (2014, S. 29)

Die Autoren kommen im Vergleich mehrerer Dutzend psychologischer Spiritualitätsdefinitionen auf die folgenden sechs Dimensionen:
1. Suche nach Sinn und Fähigkeit zur Selbsttranszendenz
2. Selbstakzeptanz und Selbstentfaltung
3. Positive soziale Beziehungen
4. Intensives Erleben von Schönheit bzw. Heiligkeit der Natur
5. Verbundenheit mit einer höheren Macht
6. Achtsamkeit oder andere Meditationserfahrungen

Bucher (2007, S. 22-33)

gilt als eines der Standardwerke zu psychologischen Spiritualitätsforschung. Dort werden die folgenden 10 Aspekte herausgearbeitet:
1. Spiritualität als Finden bzw. Suchen von Sinn
2. Spiritualität als (all-)umfassendes Verbunden- und Einssein
3. Spiritualität als Beziehung zu einem oder mehreren höheren/ göttlichen Wesen
4. Spiritualität als Verbundensein mit der Natur bzw. deren Erleben als »heilig«
5. Spiritualität als Beziehung zu anderen
6. Spiritualität als Selbsttranszendenz
7. Spiritualität als Beziehung zum Selbst
8. Spiritualität als Achtsamkeit gegenüber sich und allem anderen
9. Spiritualität als Praxis (wie z. B. Gebet oder Meditation)
10. Spiritualität als paranormale Erfahrungen und Fähigkeiten

1.4 Was verstehen Kinder und Jugendliche unter Spiritualität?

Neben offiziellen Definitionen ist wichtig, wie Kinder und Jugendliche das erleben und benennen, was wir als Spiritualität bezeichnen.

Nach Hay und Nye (2006) ist kindliche Spiritualität sehr individuell. Sie ist mehr von persönlichen Erfahrungen und Lebenswelten geprägt und weniger von anerzogenen Inhalten und Formen. So mag das Jenseits für ein Kind wie ein Gänseblümchenfeld sein, für ein anderes wie eine Duftwolke. Für manche Kinder sind überwiegend körperliche Erfahrungen wie »verschmelzen« Teil ihres spirituellen Lebens, für andere der Versuch, die Welt und die eigenen Erfahrungen zu verstehen bzw. einen Sinn darin zu finden sowie die Auseinandersetzungen mit den Mysterien des Lebens wie etwa Geburt und Tod. Kinder nehmen Spiritualität dabei überwiegend in, über und als Beziehungen wahr; sei es zu Menschen, zu Spirits, zu Tieren, zur Natur oder anderen Gegenübern. Rituale und die dabei gemachten Gemeinschaftserlebnisse sind hierfür ein geeignetes Transportmittel. Zudem unterstreicht dieses Wissen auch von spiritueller Seite her, wie zentral die pädagogische Beziehungsarbeit ist.

Hart (2003) hat 5 Hauptformen herausgearbeitet in denen sich kindliche Spiritualität zeigt:

1. *Wundern und Staunen:* Dies schließt das Staunen über die Schönheit eines Schmetterlings ebenso mit ein wie über das Funktionieren eines technischen Gerätes oder die erlebte Hilfe eines Spirits.
2. *Philosophische Fragen:* Kinder stellen sich und anderen all die Grundfragen, welche wir aus der Philosophie kennen. Verstehen und Sinnhaftigkeit sind ihnen wichtig.
3. *Weisheit:* Bereits kleine Kinder sind zu Erkenntnissen fähig, die wir als »weise« bezeichnen. Ich vermute, dass alle, die intensiv mit Kindern Kontakt haben, Beispiele dafür kennen.
4. *Verbundenheit:* Kinder leben und erleben sich stark in Beziehung. Auch ihre Spiritualität erleben sie in Beziehungen am intensivsten (zu sich, anderen Menschen, der Umwelt, dem Heiligen (vgl. Hay, Nye 2006).
5. *Sehen des Unsichtbaren:* Dies schließt alle Sinnesmodalitäten (also z. B. auch Riechen oder Hören) mit ein. Viele Kinder nehmen Energien, die Aura eines Menschen, Engel sowie andere Spirits wahr und erleben diese als selbstverständlichen Teil ihrer Wirklichkeit. In den westlichen Kulturen wird den meisten Kindern spätestens mit dem Schulbesuch gelehrt, dass dies alles Phantasie und nicht wirklich sei. Dementsprechend werden diese Wahrnehmungen meist nicht mehr berücksichtigt und die Wahrnehmungsfähigkeit dafür schwächt sich ebenso ab, wie die aller anderen Sinne, die wir nicht oder wenig gebrauchen.

Streib (2017) fasst mehrere Studien darüber zusammen, was die Jugendlichen selbst über ihre Spiritualität berichten und welche Worte sie dafür nutzen. Es folgt eine kurze Zusammenfassung: Die Religionszugehörigkeit sagt nur bedingt etwas darüber aus, ob Jugendliche sich als spirituell betrachten oder nicht, welche Bedeutung Spiritualität in ihrem Leben hat und welchen Platz diese im Alltag erhält. Ausführlich wird dies bei Streib (2017) diskutiert.

Insgesamt bevorzugen Jugendliche eher den Begriff »Spiritualität«, den sie weiter fassen als »Religiosität«. Spiritualität wird überwiegend über das eigene Erleben von Transzendenz und Mystischem definiert sowie mit der Suche nach bzw. den Erfahrungen mit dem, »was uns unbedingt angeht«. Zentral ist diesbezüglich die eigene Erfahrung, die im Gegensatz zu »Religion« als privat angesehen wird. Jugendliche benennen individuell sehr verschiedene Inhalte von Spiritualität. Nach Eisenmann et al. (2016) lassen diese sich jedoch auf sieben Dimensionen reduzieren:
- Erfahrung existenzieller Wahrheit
- Ziel und Weisheit jenseits rationalen Verstehens
- (All-)Verbundenheit und Harmonie mit dem Universum, der Natur und dem Ganzen
- Innere Suche nach einem (höheren) Selbst
- Innere Suche nach Sinn
- Innere Suche nach Friede
- Innere Suche nach Erleuchtung

Diese Inhalte und Erfahrungen setzen weder eine Religionszugehörigkeit noch den Glauben an Gott, höhere Wesen oder andere Spirits voraus.

Je mehr mystische Erfahrungen Jugendliche machen, desto stärker bezeichnen sie sich als »spirituell«. Am wichtigsten sind dabei Erfahrungen, welche einen Verlust des Raum-Zeit-Gefühls beinhalten sowie Erfahrungen, die man nicht oder kaum in Worte fassen kann. Ausschlaggebend ist, wie die Jugendlichen selbst ein Erlebnis interpretieren, z. B. als »Wunder« oder »Begegnung mit dem Heiligen«. Wird ihnen (nur) von dritten etwas als »heilig«, »besonders«

oder »spirituell« gedeutet, definieren die Jugendlichen dies als »Religion«. Stammt diese Bewertung von ihnen selbst, bezeichnen sie dies als »Spiritualität«. Rituale sind ein ideales Werkzeug, um in diesem Sinne spirituelle Erlebnisse zu ermöglichen.

Jugendliche nehmen zunehmend weniger an institutionalisierten/organisierten religiösen Veranstaltungen, wie z. B. Gottesdiensten, teil, geben aber an, dass sie im privaten weiterhin religiöse bzw. spirituelle Praktiken pflegen. Es besteht also ein Unterschied zwischen Religionszugehörigkeit, Teilnahme an Veranstaltungen dieser Religion und privater religiös/spiritueller Praxis. Abseits von Kirchen, anderen organisierten Religionen und Sekten besteht für heutige Jugendliche ein wachsendes Feld, in dem erfahrungsorientierte, mytische »Religion« ihren Platz erhält, der von ihnen oft als »Spiritualität« bezeichnet wird. Hinzu kommen neue Formen, sich nicht nur behelfsmäßig, sondern maßgeblich online zu spirituellen Gruppen zusammenzufinden.

Da das spirituelle Tun überwiegend als privat verstanden wird, kann es sein, dass selbst sehr spirituelle Jugendliche nach außen kaum etwas davon zeigen. Umso wichtiger ist es, dass Erziehungspersonen Gelegenheiten schaffen, in denen spirituelle Themen angesprochen und spirituelle Erfahrungen (gemeinsam) gemacht werden können. Lesen Sie dazu auch Kapitel 3.

1.5 Sinnfindung als gemeinsames Element aller Spiritualitätsdefinitionen

Im Vergleich der unterschiedlichen Definitionen wird deutlich, dass Spiritualität viele Aspekte umfasst, die für Kinder und Jugendliche existenziell sind. Alle diese Definitionen beinhalten zudem in irgendeiner Form Sinnfindung bzw. Sinngebung sowie die Auseinandersetzung mit existenziellen Fragen. Selbst falls junge Menschen keine anderen spirituellen Aspekte zeigen (was meiner Erfahrung nach extrem selten ist), stellen sie in der Regel irgendwann die »Sinnfrage« und wollen wissen, wie andere diese beantworten. Dafür benötigen sie genauso Anleitung wie für andere Entwicklungsaufgaben auch.

Wer selbst einen religiösen oder spirituellen Hintergrund besitzt, sollte sich nicht scheuen, auch mit diesem als Ansprechpartner*in zur Verfügung zu stehen. Wer keinen solchen Hintergrund hat, sollte zumindest anerkennen, wenn Jugendliche auf dieser Ebene nach Antworten suchen und dabei behilflich sein, Antworten zu entwickeln sowie ggf. gute Ansprechpartner*innen für diese Auseinandersetzung zu finden. Unabhängig von der Bereitschaft hierzu sollte sich jedoch jede*r professionelle Helfer*in damit auseinandersetzen, welche Antworten er*sie auf die Sinnfrage oder die Frage nach einem größeren Ganzen geben kann.

Und, unabhängig davon, ob Sie höhere Mächte, Illusion, psychologische, soziale oder andere Ursachen als Grundlage der Spiritualität annehmen, und unabhängig von der eigenen spirituellen Ausrichtung (von klar ablehnende*r bis glühend zustimmende*r Vertreter*in einer Richtung), sollten Sie offen dafür sein, was Spiritualität bewirken kann. Zum vertiefenden Nachlesen empfehle ich Baatz (2017) sowie Utsch, Bonelli, Pfeifer (2014) und natürlich Bucher (2007).

1.6 Auf einen Blick

- Es existieren sehr unterschiedliche Definitionen von Spiritualität.
- Spiritualität kann u. a. umfassen:
  - Verbindung zu einer höheren Macht
  - Religiosität
  - Verbindung mit den Spirits
  - Erfahrungen von Transzendenz
  - Umgang mit existenziellen Fragen
  - Eine bewusst an Werten ausgerichtete Lebensweise
- Jugendliche definieren ihre Spiritualität vor allem über mystische Erfahrungen.
- Jugendliche verstehen Spiritualität auf eine Weise, die weder Religionszugehörigkeit noch den Glauben an eine höhere Macht oder Spirits voraussetzt.
- Jugendliche betrachten Spiritualität oft als etwas Privates. Selbst

sehr spirituelle Jugendliche zeigen diese nicht unbedingt im außen.
- Spirituelle Erfahrungen können als innerpsychische Vorgänge oder als Begegnung mit realen Gegenübern angesehen werden.
- Sinnsuche, Sinnfindung und Sinngebung ist Bestandteil fast aller Spiritualitätsdefinitionen.

2 Spiritualität als Resilienz- oder Risikofaktor – Ein unverzichtbarer Teil der Kinder- und Jugendhilfe

>»Rituale und Zeichen geben uns die Kraft,
>dem Unfaßbaren ins Auge zu sehen.«
>(Anke Maggauer-Kirsche)

Junge Menschen haben ein festgeschriebenes Recht auf Förderung und Begleitung ihrer Spiritualität. Allein deswegen kann und darf in der Kinder- und Jugendhilfe nicht auf spirituelle Interventionen verzichtet werden. In diesem Kapitel wird aufgezeigt, wie umfassend sich Spiritualität auf die Entwicklung von Kindern und Jugendlichen im positiven wie negativen auswirken kann. Erziehungspersonen erhalten Handreichungen dafür, resilienzfördernde von schädigenden Ausformungen von Spiritualität zu unterscheiden.

2.1 Spirituelle Erziehung ist ein Menschenrecht

Jeder Mensch hat das Recht, die eigene Religion/Spiritualität auf die eigene Art und Weise zu leben (Artikel 18 der Menschenrechtserklärung, UN 1948). Die UN-Kinderrechtskonvention spricht dieses Recht auch Kindern und Jugendlichen zu. Dort werden zudem Eltern (und andere Sorgeberechtigte) in die Pflicht genommen, »das Kind bei der Ausübung dieses Rechts in einer seiner Entwicklung entsprechenden Weise zu leiten« (UN-Kinderrechtskonvention 1989, Artikel 14). Somit haben junge Menschen mit oder ohne Religionszugehörigkeit ein Recht darauf, ihre eigene Spiritualität zu entwickeln sowie zu leben. Und sie haben ein Recht darauf, dabei angeleitet zu werden. Dies zu unterlassen bedeutet, den Mädchen und Jungen ein zentrales Recht zu verweigern.

Es sollte also eine Selbstverständlichkeit sein, dass spirituelle Erfahrungen genauso natürlich im Alltag beachtet werden wie andere wichtige Elemente, z. B. Schule oder Freundeskreis. Dies erfordert, einen Rahmen bereitzustellen, in dem die spirituellen Bedürfnisse der Jungen und Mädchen als solche wahrgenommen und gelebt werden können. Voraussetzung dafür ist u. a., dass spirituelle Erfahrungen als solche (an)erkannt und gewürdigt werden. Zudem benötigen die jungen Menschen Hilfestellungen dabei, diese Erfahrungen zu verarbeiten und positiv in ihr Leben zu integrieren. So betont z. B. das Landesjugendamt Sachsen (2016, S. 10):

»Die Frage nach der interreligiösen Kompetenz und Diversität sollte ein fester Bestandteil der Konzepte der Einrichtung der Kinder- und Jugendhilfe, der Qualitätsentwicklung nach § 79a SGB VIII und der Jugendhilfeplanung auf örtlicher und überörtlicher Ebene sein.«

2.2 Spiritualität als Stiefkind der Jugendhilfe

Umso bestürzender ist es, dass kaum eine Institution der Jugendhilfe ein pädagogisch fundiertes Konzept bezüglich Spiritualität vorweisen kann.[3] Spirituelle Bedürfnisse werden in den meisten Erziehungskontexten wenig beachtet oder aus persönlichen Überzeugungen der Mitarbeiter*innen heraus gering geachtet. Nach Lütkemeier (2014) legt die überwiegende Mehrheit der Erzieher*innen keinen Wert auf die Auseinandersetzung mit Spiritualität. Selbst in den meisten Institutionen kirchlicher Trägerschaft hängt es letztendlich an der einzelnen Fachkraft, ob und falls ja, welche spirituellen Angebote gemacht werden. Diese richten sich dann meist an der Spiritualität der Mitarbeiter*innen aus und nicht an den individuellen Bedarfen der jungen Menschen. Laut Lütkemeier (2014) trifft Spiritualität (und Religiosität) fast überall in den Erziehungshilfen auf Skepsis oder Ablehnung. Auch in der Spiritualitätsforschung führen päda-

---

[3] Einige wenige Einrichtungen halten religionspädagogische Konzepte vor. Deren Hauptausrichtung ist die Vermittlung von Wissen und Erfahrungen innerhalb einer Glaubensrichtung. Im Gegensatz zu den hier vorgestellten Wegen geht es dort also nicht in erster Linie darum, die individuellen spirituellen Erfahrungen von jungen Menschen aufzugreifen, zu fördern und zu begleiten, sondern darum, die Kinder und Jugendlichen an eine vorgegebene Spiritualitätsrichtung heranzuführen. Religionspädagogische Konzepte innerhalb der Jugendhilfe sind fast ausschließlich in christlicher Trägerschaft und Orientierung.

gogische Fragestellungen ein ganz offensichtliches Schattendasein. Die meisten Ergebnisse für Auswirkungen von Spiritualität stammen daher überwiegend aus dem Bereich der Psychologie, Medizin, Palliativpflege oder theologischen Fakultäten. Diese können jedoch problemlos in erzieherische Kontexte übertragen werden, wie die folgenden Ausführungen zeigen.

2.3 Spiritualität als Teil der kindlich-jugendlichen Entwicklung

Bucher (2007, S. 78–83) gibt eine Studienübersicht (inklusive Quellenangaben) mit folgenden Ergebnissen:
- Gemeinsame positive spirituelle Erfahrungen mit Vertrauenspersonen tragen wesentlich dazu bei, dass Spiritualität später zu einem Kraftfeld für das eigene Leben werden kann.
  - Am prägendsten sind diesbezüglich die frühkindlichen Bindungspersonen.
  - Frühe Sozialisationserfahrungen mit religiösen Vollzügen oder spirituellen Inhalten prägen die spätere Spiritualität.
  - Frühe Bindungsmuster prägen spätere Spiritualität wenig.
- In Zwillingsstudien wurde die Rolle von Genetik und Umfeld untersucht. Genetik erklärte dabei etwa 40 % des Ausmaßes der erlebten Spiritualität. Es scheint also eine genetische Veranlagung dafür zu geben, Transzendenz zu erleben, sich eins mit dem Kosmos zu fühlen oder andere spirituelle Erfahrungen zu machen. Dasselbe gilt übrigens für die Offenheit gegenüber paranormalen Phänomenen, wie z. B. Hellsehen oder Präkognition.
- Spezifische Religiöse Vollzüge, wie z. B. Kirchgang oder bestimmte Gebetsformen, seien dagegen stark von der Erziehung geprägt.

Hamer (2004, S. 52) zieht aus derlei Forschungen den Schluss, dass Spiritualität von innen kommend und angeboren sei, deren Ausformung jedoch stark durch Umweltbedingungen wie Erziehung geprägt wird.
- Zwischen Pubertät und Erwachsenenalter geht Religiosität zwar bei vielen Jugendlichen deutlich zurück, deren Spiritualität steigt jedoch tendenziell eher an (u. a. Benson 1997; Bucher 2001; Johnson et al. 2004).

Da also (fast) alle jungen Menschen spirituelle Erfahrungen machen (von Gontard 2015), Spiritualität zwar angeborene Aspekte hat, ihre Ausformung aber stark von eigenen Erlebnissen abhängt, gehört es zu den Aufgaben von Erziehungspersonen, dass alle Kinder und Jugendliche einen Rahmen für spirituelle Erfahrungen angeboten bekommen, der es wahrscheinlicher macht, dass diese eine resilienzfördernde Spiritualität entwickeln

2.4 Gibt es positive und negative Spiritualität?

Bewertungen von Spiritualität als »wünschenswert«/»gesund«/»gut«/»positiv« bzw. »krank«/»schädlich« sind immer abhängig von Zeitgeist, Kultur, dem eigenen Weltbild, dem Zweck der Einschätzung u. v. a. m. Zudem gibt es eine Tendenz, die eigene Spiritualität als positiv, davon abweichende spirituelle Wirklichkeiten dagegen als negativ oder zumindest weniger wertvoll wahrzunehmen. Nicht nur im wissenschaftlichen Bereich z. B. fühlen sich viele Atheisten ihren spirituellen Kolleg*innen überlegen – und umgekehrt. Neuheidnische Gruppierungen verteufeln nicht selten die christlichen Kirchen – und umgekehrt. Diese Liste ließe sich lange und mit austauschbaren Gegenübern fortsetzen.

2.4.1 Der Wertehintergrund dieses Buches

Auch dieses Buch ist unweigerlich durch Kontext, Zeit und die Spiritualität des Autors mitgeprägt. Es soll z. B. im Kontext der Jugendhilfe Anwendung finden, beruft sich auf wissenschaftliche Untersuchungsergebnisse, hat den Anspruch unterschiedlichen Spielarten von Spiritualität gerecht zu werden, soll unabhängig von Religionszugehörigkeit nutzbar sein etc. Diese Mischung beinhaltet bereits viele Bewertungskriterien. So stammen z. B. die meisten Forschungsergebnisse von westlich denkenden Wissenschaftler*innen und westlich denkenden Proband*innen. Die Bewertungen müssen mit dem Grundgesetz vereinbar sein. Als interkulturelle Bewertungskriterien bieten sich die Menschenrechte an. Natürlich schreibe ich vor dem Hintergrund meiner eigenen Spiritualität (→ Kapitel *Einführung*), was den Text notwendigerweise beeinflusst. Wichtige Bewertungskriterien in dieser Veröffentlichung sind z. B.: Im Kontext der Jugendhilfe kann Spiritualität als positiv angesehen werden, wenn sie die im SGB VIII verankerten Ziele fördert und negativ, wenn sie diese behindert. Im Kontext der Psychotherapie[4] kann als positiv gelten, was dazu beiträgt, sich gesund bzw. normal zu entwickeln, aber auch, was dabei hilft, mit einer diagnostizierten Störung besser umzugehen oder wieder zu einer normalen Entwicklung zurückzukehren. Negativ in diesem Kontext ist, was das Risiko psychischer Einschränkungen erhöht, den Umgang damit erschwert oder einer Verbesserung im Wege steht. Positive und negative Aspekte von Spiritualität sind in allen Religionen sowie (nicht-) religiösen spirituellen Richtungen zu finden.

Übergeordnete Bewertungskriterien für positive wie negative Formen und/oder Auswirkungen von Spiritualität sind in diesem Band vor allem die nachfolgenden Aspekte.

2.4.2 »Positive« Spiritualität

- wirkt nach der aktuellen Forschung als Resilienzfaktor.
- trägt dazu bei, dass die Menschenrechte selbst erlebt und in Anspruch genommen werden können – und, ebenso wichtig – trägt dazu bei, dass diese Rechte selbstverständlich allen anderen zugesprochen werden können.
- trägt dazu bei, sich, anderen Menschen, Tieren (und ggf. den Spirits) sowie der Welt und dem Leben an sich mit Liebe, Respekt und Achtung zu begegnen.

2.4.3 »Negative« Spiritualität

- wirkt nach aktuellem Forschungsstand als Risikofaktor.
- missachtet die Menschenrechte oder spricht diese Teilgruppen ab.
- fördert Gleichgültigkeit, Angst, Hass, Ausgrenzung oder andere Formen von Gewalt.

---

4 Dies ist deswegen bedeutsam, da 70–100 % der stationär untergebrachten Kinder und Jugendlichen die ICD-10 Kriterien einer psychischen Störung erfüllen (vgl. Baierl 2017).

Dies deckt sich auch mit den Ergebnissen von Peterson und Nelson (1987) sowie Vaughan (1991), nach denen »gesunde Spiritualität« sich u. a. durch folgende Kriterien auszeichnet:
- verlängert die Lebensdauer und reduziert das Krankheitsrisiko
- stärkt Selbstwertgefühl und Selbstwirksamkeitserleben
- stärkt persönliche Freiheit, Eigenverantwortlichkeit und soziales Verantwortungsgefühl
- baut Brücken zwischen Menschen und stärkt deren Verbindungsfähigkeit mit anderen
- stärkt die Lebensfreude

Levin 2002 verweist darauf, dass positive Effekte von Spiritualität umso größer sind, je liebevoller die Beziehung zu einer höheren Wirklichkeit (z. B. einem göttlichen Wesen) erlebt wird.

Eine solche Spiritualität ist gerade auch in dieser Zeit, in der ein Umdenken bezüglich des Umgangs mit unserer Erde vielleicht das Überleben der Menschheit sichert, ein wesentlicher Beitrag zur prosozialen Entwicklung von Kindern und Jugendlichen. Das resilienzfördernde Potenzial von Spiritualität wird im Folgenden dadurch verdeutlicht, indem dargestellt wird, wie zentrale Aufgaben der Kinder- und Jugendhilfe mit Spiritualität verbunden sind.

2.5 Spiritualität als Resilienzfaktor in der Kinder- und Jugendhilfe

Das Kinder- und Jugendhilfegesetz (SGB VIII §§ 1–10) benennt u. a. die nachfolgenden Hauptziele bzw. Aufgaben von Jugendhilfe. Bei all diesen können spirituelle Interventionen wesentlich zu deren Erreichung beitragen.

2.5.1 Förderung der individuellen und sozialen Entwicklung

Spirituelle Erfahrungen werden von vielen Menschen als besonders »wahr«, »bedeutsam«, »sinnstiftend«, »wertebedeutsam« erlebt und verarbeitet (vgl. von Gontard 2015). Ob und welche spirituellen Erfahrungen gemacht werden, bestimmt daher mit, wie junge Menschen zukünftig wahrnehmen, interpretieren und sich verhalten

(Bucher 2007, S. 100–136[5]). Zudem kann Spiritualität Schutzfaktor, Bewältigungsstrategie und/oder therapeutischer Faktor eines Heilungsprozesses sein (Steinmann 2015, S. 142). Spiritualität fördert das Kohärenzgefühl, also die Fähigkeit, die Zusammenhänge des Lebens zu verstehen sowie die Überzeugung das eigene Leben gestalten zu können (Antonovsky 1997).

2.5.2 Förderung von Eigenverantwortlichkeit, Selbstständigkeit und Verantwortungsbewusstsein

Spiritualität, Religiosität und spirituelle Lebensziele stärken die persönliche Freiheit, das soziale Verantwortungsgefühl sowie das Selbstwirksamkeitserleben (Bucher 2007, S. 100–136). Sie sind zudem der stärkste Prädiktor für ehrenamtliches Engagement von Jugendlichen in gemeinnützigen Organisationen (Bucher 2007). Spiritualität trägt wesentlich zur Gewissensbildung bei (Niederschlag 2016, S. 23).

2.5.3 Förderung von Gemeinschaftsfähigkeit

Spiritualität stärkt die Verbindung(-sfähigkeit) mit anderen Menschen und somit auch die Bindungsfähigkeit (Bucher 2007, S. 100–136). Spirituelle/religiöse Jugendliche sind sensibler für die Gefühle anderer und zeigen im Alltag mehr Solidarität und verzeihen leichter. Sie zeigen weniger Delinquenz und geraten nur halb so oft mit der Polizei in Konflikt wie Gleichaltrige. Viele gewalttätige Jugendliche nennen dagegen »Krisen von Sinnlosigkeit« als einen der Gründe (Bucher 2007) gewalttätigen Verhaltens.

2.5.4 Schaffung positiver Lebensbedingungen für junge Menschen und deren Familien

Spirituelle Menschen sind durchschnittlich körperlich gesünder und leben länger, erleben mehr Glück, Wohlbefinden, Lebenszufriedenheit und Lebensfreude. Dies gilt sowohl im Alltag als auch bei Krisen, Erkrankungen und anderen prekären Situationen. Sie sind zudem weniger depressiv, haben weniger Suizidgedanken und sind weniger suizidgefährdet.

---

5 Bei Bucher werden die dazugehörigen Studien und Quellenangaben benannt.

Dies ist relativ unabhängig von der formalen Religionszugehörigkeit. Wichtiger ist die Intensität der spirituellen Praxis. Einzig Muslim*innen haben gegenüber den anderen Religionen eine niedrigere Suizidalität (Bucher 2007, S. 100–137). »Spirituelles Wohlbefinden« ist eine Dimension von Gesundheit (WHO 2005).

2.5.5 Schutz der Kinder und Jugendlichen vor Gefahren sowie die Befähigung derselben, sich vor gefährdenden Einflüssen schützen zu können

Spiritualität schützt speziell Jugendliche davor, schädigendes Problemverhalten zu entwickeln. Zum Beispiel: Der Konsum von illegalen Drogen und Alkohol ist bei spirituellen/religiösen Jugendlichen nur halb so hoch. Besonders harte Drogen werden deutlich seltener konsumiert. Dies wird noch durch spirituell ausgerichtete Familien und/oder Freundeskreise unterstützt (Bucher, 2007, S. 84–86). Verluste, wie Tod und andere Traumatisierungen, können besser verarbeitet werden. Spirituelle junge Menschen sind gelassener und können Unveränderliches besser annehmen (Bucher 2007). Wichtig dabei ist, dass Spiritualität (und Religiosität) nicht strafend oder ängstigend wirkt/wirken und keinen Zwang ausübt/-üben, da sie ansonsten vom Resilienzfaktor zum Risikofaktor wird/werden (vgl. Lütkemeier 2014, S. 9). Dies gilt in besonderem Maße – jedoch nicht nur – für die ersten Lebensjahre.

2.5.6 Berücksichtigung der Religiosität/Spiritualität der jungen Menschen

Die Berücksichtigung der Religiosität/Spiritualität der Kinder und Jugendlichen wird nicht nur im KJHG gefordert, sondern entspricht auch der UN Kinderrechtskonvention (1989, Artikel 14 Abs. 2), die so ausgelegt wird, dass bei älteren Kindern, die sich eine eigene religiöse Meinung bilden, Eltern und sonstige Personensorgeberechtigte diese Meinung berücksichtigen müssen (Praetor Intermedia UG 2020). Dass es dafür spiritualitätssensible Rahmensetzungen und Interventionen bedarf, liegt auf der Hand. Es geht darum, die Mädchen und Jungen sowohl bei der Erforschung der eigenen Spiritualität zu begleiten als auch Interesse an sowie Achtung gegenüber der Spiritualität von anderen zu entwickeln.

2.5.7 Berücksichtigung der kulturellen Bedürfnisse der jungen Menschen

Kultur ist eng mit Spiritualität verknüpft. Der Nahe Osten ist z. B. stark durch den Islam, insbesondere den Sufismus geprägt, Europa stark durch das Christentum, Bayern speziell durch den Katholizismus und Thüringen neben dem Sozialismus durch Protestantismus. Diese Prägungen haben Werte, Lebenswelten, Wirklichkeiten und Sinnzuschreibungen erschaffen, welche in der Kultur widergespiegelt werden. Viele kulturelle Aspekte, Bedürfnisse und Dynamiken lassen sich mit einer spiritualitätssensiblen Haltung daher deutlich besser verstehen und begleiten.

2.5.8 Spiritualität als Teil von Lebensweltorientierung

Alexander von Gontard gilt als einer der Vorreiter der Spiritualitätsforschung bei Kindern und Jugendlichen. 2015 fasst er zusammen: Spirituelle Erfahrungen bei Kindern und Jugendlichen ...
- sind real. Sie können beobachtet und verbal mitgeteilt werden.
- sind sehr häufig. Ungefähr 90 % der Kinder und Jugendlichen machen bedeutsame spirituelle Erfahrungen.
- können das Leben beeinflussen oder gar entscheidend mitprägen. Sie können Wendepunkte darstellen, Lebensrichtungen vorgeben, Krisenbewältigung ermöglichen sowie in vielfältiger Art Resilienzfaktoren oder Risikofaktoren sein (von Gontard 2015, S. 5).

Von Gontard (2015, S. 18) geht davon aus, dass Spiritualität angeboren und intrinsisch ist. Spiritualität sei ein biologisch angelegter Aspekt der normalen menschlichen Entwicklung.

Auch die (Nicht-)Zugehörigkeit zu einer Religion und die Auseinandersetzung damit stellen für viele Kinder und Jugendliche wichtige Entwicklungsschritte dar (von Gontard 2015, S. 19). Somit sollte in jedem Fall überprüft werden, ob und falls ja, welche Spiritualität die Lebenswelt eines Kindes prägt, um diese berücksichtigen zu können (vgl. Thiersch 2017, S. 29 ff.). Dies ist besonders wichtig, da Spiritualität und Religiosität viele Dimensionen umfasst, eine Vielzahl von Lebensbereichen beeinflusst und sich individuell sehr unterschiedlich zeigt (Utsch, Bonelli, Pfeifer 2014, S. 32, vgl. auch Kapitel 1.3 und 1.4)

Um dies leisten zu können, ist es erforderlich, dass sich Erziehungspersonen sowohl mit der eigenen spirituellen Orientierung auseinandersetzen, als auch die Vielfältigkeit anderer spiritueller Wirklichkeiten (aner-)kennen, um sich unvoreingenommen auf die spirituellen Wirklichkeiten der Betreuten einlassen zu können (Konkrete Hilfen dafür finden Sie in Kapitel 4). Lebensweltorientierung beinhaltet, für die Wirklichkeiten der Jungen und Mädchen sensibel zu sein, unabhängig davon, ob sie den eigenen Überzeugungen entsprechen. Spiritualitätssensibilität sollte daher selbstverständlicher Teil jeder sozialen Arbeit sein, um sich individuell an den Betreuten auszurichten. So kann insbesondere das Resilienz-Potenzial der jeweiligen Spiritualitäten erschlossen werden (vgl. Nauert et al. 2017).

2.5.9 Spiritualität als Teil des Bildungsauftrags

Bildung beinhaltet u. a. Wissen um Fakten und Zusammenhänge. Sie befähigt dazu, sich Wissen über die Welt, die Gesellschaft, das Leben, Menschen usw. anzueignen, Zusammenhänge zu verstehen und Dynamiken zu erkennen. Dies führt dazu, eigene Werte entwickeln zu können, eigene Standpunkte zu vertreten und die eigenen Bedürfnisse mit denen von anderen bzw. einer Gemeinschaft in Einklang zu bringen (vgl. Hugoth 2006). Die UN-Kinderrechtskonvention (1989, Artikel 29) benennt explizit,

> »dass die Bildung des Kindes darauf gerichtet sein muss [...] Achtung vor [...], seiner kulturellen Identität, [...] und seinen kulturellen Werten, den nationalen Werten des Landes, in dem es lebt, und gegebenenfalls des Landes, aus dem es stammt, sowie vor anderen Kulturen als der eigenen zu vermitteln«.

Da alle Kulturen und Gesellschaftsformen von der einen oder anderen Spiritualität bzw. Religiosität (oder der Ablehnung einer solchen) geprägt sind, muss Bildung daher auch Zugänge zu Spiritualität/Religiosität bieten. Ohne diese können viele Aspekte der eigenen sowie fremder Kulturen nicht verstanden werden. Das Verstehen von kulturellen Zusammenhängen ist wiederum ein wichtiger Aspekt bezüglich der Selbstbemächtigung und Partizipation.

Geht man davon aus, dass auch Intelligenzförderung zu Bildung gehört, wird das Konzept »Spirituelle Intelligenz« interessant. In der Persönlichkeitspsychologie wird Spiritualität als Teil eines umfassenden Intelligenzkonzepts beforscht. Spirituelle Intelligenz ist nach Emmons (2000) die Fähigkeit:
- veränderte Bewusstseinszustände zu erfahren
- die alltäglichen Erfahrungen zu einer heiligen zu machen (bzw. »heilige« Erfahrungen als solche wahrzunehmen und zu erleben; Anmerkung des Autors)
- spirituelle Ressourcen zur Problemlösung einzusetzen
- Entscheidungen und Handlungen wertorientiert vorzunehmen

All dies zu fördern, ist demnach Teil eines umfassenden Bildungsauftrags. Wieviel davon wird in Ihrer Einrichtung umgesetzt?

2.5.10 Spiritualität als Orientierungshilfe

Nach von Gontard (2015) machen mindestens 90 % aller Kinder und Jugendlichen spirituelle Erfahrungen. Laut Utsch (2014, S. 2) sagen etwa 90 % aller Menschen von sich, dass sie spirituelle Erfahrungen (gemacht) haben. Andererseits bezeichnen sich in Westdeutschland nur ca. 60 % der Jugendlichen als religiös oder spirituell und in Ostdeutschland ca. 40 % (Streib 2017). Tabelle 1 zeigt die formelle Religionszugehörigkeit deutscher Jugendlicher in 2019.[6]

Tabelle 1: Religionszugehörigkeit deutscher Jugendlicher in %
(nach Albert, Hurrelmann, Quenzel 2019)

	röm.-kath.	evangelisch	anders christl.	muslimisch	andere	keine
West	36	31	7	10	2	14
Ost	6	16	5	5	1	67

---

6 Aus Tabelle 1 wird deutlich, dass junge Menschen in Deutschland – wenn überhaupt – überwiegend einer christlichen Kirche oder (viel seltener) dem Islam angehören. Daher werden im Buch überwiegend Beispiele aus der christlichen und muslimischen Tradition erwähnt. Aus dem Gesamtwerk sollte deutlich werden, dass dies weder eine Ausgrenzung noch eine Abwertung anderer spiritueller Richtungen beinhaltet.

Das Deutsche Jugendinstitut schließt aus solchen Daten, dass die neuen deutschen Bundesländer die weltweit am wenigsten religiös organisierte Region sei (Streib 2017). Dies gelte auch für Jugendliche, die nach dem Mauerfall geboren sind. Orientierung, Sinn und Antworten auf existenzielle Fragen werden daher andernorts gesucht. Gefunden werden diese am leichtesten bei Gruppierungen, die präsent sind, aktiv Mitglieder werben und hohe Werte vertreten, die einfach verständlich gemacht werden können. Dies wird bisher überwiegend von extremistischen Gruppen, wie z. B. Rechtsradikalen oder (in Ostdeutschland im geringeren Maße) Islamisten, angeboten.

Während ich diese Zeilen schreibe, gelten in ganz Deutschland Kontakteinschränkungen wegen des Corona-Virus. Die Medien berichten einhellig, dass in dieser Zeit der Unsicherheit populistische und extremistische Gruppen weniger Zulauf haben. Die Menschen würden sich dagegen verstärkt an Autoritäten des Gesundheitswesen orientieren, denen sie Expertise und »wahre« Nachrichten zutrauen. Die Pubertät ist eine Zeit großer Unsicherheiten. Viele, die in der Kinder- und Jugendhilfe betreut werden, sind traumatisiert (z. B. Schmid 2007) und/oder leben aus anderen Gründen in Unsicherheit. Wenn wir es schaffen, von den Betreuten in dieser Zeit als die Expert*innen für die auf Seite 22 genannten Themen angesehen zu werden, ist es weniger wahrscheinlich, dass sie Antworten bei extremistischen und fundamentalistischen Gruppierungen suchen. Auch aus dieser Perspektive sollte es also selbstverständlich sein, dass spirituelle Begleitung und Förderung fester Bestandteil der Kinder- und Jugendhilfe ist.

2.5.11 Spirituelle Heilweisen

Seit etwa 30 Jahren werden explizite spirituelle Heilweisen etwas intensiver erforscht und es kann belegt werden, dass man z. B. mit Geistheilung, schamanischer Energiemedizin, Handauflegen und sogar Fernheilungstechniken Krankheiten sowie psychische Störungen erfolgreich behandeln kann (z. B. Astin et. al 2000; Benor 2000, 2001; Gadit 2007). Bereits seit 1996 erkennt die WHO die Bedeutung spiritueller Heilweisen an (UNHCR/WHO 1996). Dies deckt sich mit meinen Erfahrungen als Heiler und Ausbilder in keltischer Energiemedizin. Dies ist vor allem in der Arbeit mit geflüchteten jungen Menschen bedeutsam. Diese sehen Ursachen und Lösungen von Problemen teilweise im spirituellen Bereich. Wird ihnen stattdessen nur eine psychologische oder medizinische Bearbeitung angeboten, greifen diese oft nicht. Aus Beratungs- und Supervisionskontexten weiß ich, dass in diesen Fällen zunehmend mehr Institutionen der Kinder- und Jugendhilfe auf Rituale und/oder energetisch/spirituelle Heiler*innen zurückgreifen. Diese wirken dann entweder für sich oder öffnen den Weg für eine schulmedizinische bzw. psychotherapeutische Behandlung.

Falls Ihnen dies seltsam vorkommt, lesen Sie tatsächlich die diesbezüglichen Forschungsergebnisse. Ein guter Start dafür sind die zuvor genannten Veröffentlichungen sowie das Journal »Subtle Energies und Energy Medicine«. Und bedenken Sie ein weiteres: Isaac Newton schrieb allen Dingen unsichtbare Kräfte zu, was dazu führte, dass er die unsichtbare Schwerkraft entdeckte und die Gravitationsgesetze beschrieb. Dafür wurde er von seinen Zeitgenossen in ähnlicher Weise als »Mystiker« belächelt, wie heute die Protagonisten spirituellen Heilens (Achterberg et al. 2004 zit. nach Bucher 2007). Mehr über die Möglichkeiten des Zusammenwirkens von schulmedizinischen und spirituellen Ansätzen finden sie u. a. in Lucius (2010) und Jaberi, Yektatalab et al. (2019).

2.6 Spiritualität als Risikofaktor

Neben den zuvor beschriebenen positiven Effekten kann Spiritualität auch viele Aspekte beinhalten, die als Risikofaktor wirken. Für die Kinder- und Jugendhilfe sind vor allem die folgenden bedeutsam.

2.6.1 Missbrauch und andere Gewalt in spirituellen Kontexten

Offensichtlich ist, dass Erlebnisse wie Missbrauch, Misshandlung und anderer Gewalt, die im spirituellen Kontext erlebt werden (z. B. bei rituellem Missbrauch), genauso und teilweise stärker schädigend wirken wie andere traumatische Erfahrungen (auch) (vgl. Nick et al. 2019). Spiritualität, die Zwang ausübt, strafend oder ängstigend wirkt, ist ein starker Risikofaktor (vgl. Lütkemeier 2014, S. 9). Diesbezüglich sind alle bekannten Wege der Gewaltprävention sowie der Traumapädagogik bedeutsam.

2.6.2 Spiritualität, welche die Selbstverantwortlichkeit einschränkt

Ebenfalls negativ wirkt, wenn die eigene Verantwortung an »Meister*innen«, andere spirituelle Führungspersonen oder eine »höhere Macht« abgegeben wird (Bucher 2007); ebenso wenn junge Menschen sich stark oder ganz in eine (meist als »besser« erlebte) spirituelle Welt zurückziehen und dadurch den Alltagsanforderungen nicht mehr begegnen können (Bucher 2007). Wenn psychische Störungen Symptome enthalten, die als (oft extreme) spirituelle Erfahrungen erlebt werden (z. B. bei Depressionen, Psychosen oder Wahn), reduzieren diese meist – wie alle anderen Symptome auch – Lebensqualität und Alltagsbewältigung (vgl. Utsch, Bonelli, Pfeifer 2014). Andererseits trägt positive Spiritualität viel zur Bewältigung und Überwindung psychischer Störungen bei (Bucher 2007; Utsch, Bonelli, Pfeifer 2014).

2.6.3 Extrinsische versus intrinsische Spiritualität

Viele Studien zeigen, dass extrinsische Spiritualität[7] meist einen Risikofaktor darstellt, intrinsische jedoch üblicherweise als Resilienzfaktor wirkt. Beispielsweise schreiben Zimmermann, Gräßler und Sülz (2015), dass extrinsische Spiritualität Krankheiten verstärken kann, intrinsische jedoch heilsam wirkt. Nach Lemke et al. (2003) ist nur extrinsische Religiosität mit Irrationalität verbunden, intrinsische nicht. Als irrationales Denken wird auch beschrieben, wenn man die Verantwortung für das eigene Leben nicht mehr selbst übernimmt, sondern an eine höhere Macht abgibt. Irrationalität wiederum führt zu geringerer Lebenszufriedenheit (Lemke et al. 2003). Moreira-Almeida, Lotufo und Koenig (2006) fanden, dass extrinsische Spiritualität depressive Symptome eher verstärkt, intrinsische

---

7 Extrinsische Spiritualität ist von außen kommend oder erzwungen und erfolgt nicht aus eigenem Antrieb. Intrinsische Spiritualität hingegen entspringt und folgt den eigenen spirituellen Überzeugungen.

diese eher reduziert. Dasselbe berichten sie über positives und negatives spirituelles Coping.

2.6.4 Positives und negatives spirituelles Coping

»Spirituelles Coping« bezeichnet die Art und Weise, wie Spiritualität zur Bewältigung von Anforderungen genutzt wird. Es gibt keine einheitliche Übereinkunft, was alles zu positivem wie negativem Coping gehört. Auch wenn der Begriff unterschiedlich gefüllt wird (s. u.), weisen alle Untersuchungen doch in dieselbe Richtung. »Positives Coping« führt zu mehr Lebensqualität, Gesundheit, Gemeinschaftsgefühl, besserer Alltagsbewältigung etc. Negatives Coping führt hingegen zur Verringerung derselben.

Kooperatives Coping, eigenmächtiges Coping
und abgebendes Coping

Kenneth et al. (2000) berichten, dass ein *kooperatives Coping* (»Ich löse meine Probleme gemeinsam mit der Unterstützung einer höheren Macht«) am positivsten wirkt und z. B. zu erhöhtem Selbstwertgefühl und mehr Lebensfreude führt. *Eigenmächtiges Coping* (»Ich nutze die Kraft, welche eine höhere Macht mir verliehen hat, um Probleme selbst zu lösen«) hat ebenfalls positive Auswirkungen, jedoch weniger stark. *Abgebendes Coping* (»Ich erwarte, dass eine höhere Macht meine Probleme löst«) führt zu mehr Problemen.

Schuld bzw. Bestrafung als zentrale Copingstrategien

Zwingmann et al. 2006 schreiben, dass insbesondere folgende Copingstrategien schädigend wirken: Eine Erkrankung (oder ein anderes Problem) als Strafe einer höheren Macht anzusehen, es als Folge eigener Schuld zu verstehen oder wegen des Problems an einer höheren Macht zu zweifeln, mit dieser zu hadern oder diese infrage zu stellen.

Positives und Negatives Coping nach Pargament

Pargament et al. (2000) benennen u. a. das Erleben einer wohlwollenden höheren Macht (z. B. ein liebender Gott) Vergebung/religiöse Umkehr/religiöses Helfen/das Suchen von Unterstützung bei Vertreter*innen oder Mitgliedern der eigenen Religion/kooperatives

Coping/aktive religiöse Hingabe/spirituelle Verbundenheit und das Aufzeigen religiöser Grenzen als positive Copingstrategien.

Negativ wirkten dagegen das Erleben einer überwiegend strafend-fordernden höheren Macht (z. B. ein Richtergott oder dämonische Mächte, die besänftigt werden müssen), spirituelles Hadern/religiöse Verantwortungsabgabe/interpersonelle spirituelle Unzufriedenheit sowie das Flehen um Fürbitte.

Die Wortwahl macht deutlich, dass hier aus christlicher Sicht klassifiziert wurde. Dennoch ist deren Schlussfolgerung religionsunabhängig: Es reicht nicht aus, Vorhandensein oder Intensität von Spiritualität an sich zu betrachten. Um herauszufinden, was einem Jungen oder Mädchen hilft bzw. schadet, ist es wichtig, auf welche spezielle Art und Weise junge Menschen (und evtl. deren Familie) ihre Spiritualität nutzen, um Anforderungen zu begegnen (Pargament et al. 2000, S. 521). In Kapitel 4 wird ausführlich darauf eingegangen, wie Sie bei einem jungen Menschen vorgehen können, um hilfreiche und weniger hilfreiche Aspekte von dessen Spiritualität herauszuarbeiten.

2.6.5 Spirituelle Grundannahmen, die als Risikofaktoren wirken können

Bolletino (2001) benennt drei in spirituellen Gruppen häufig vorkommende Überzeugungen und daraus erwachsende Risiken:

1. Jeder Mensch erschafft alle Aspekte seines Lebens selbst (inklusive Krankheiten, schlimme Lebensereignisse u. ä.).
Diese Überzeugung kann durch die Fehlwahrnehmung – etwas »Schlimmes« das mir passiert ist, sei »von mir gewollt« – Depressionen sowie Schuldgefühle hervorrufen. Andererseits kann diese Überzeugung zu mehr Selbstwirksamkeitserfahrung und weniger Abhängigkeitsgefühlen führen, sofern der*die Betroffene geeignete Wege kennt, sich zu ändern. Sich selbst zu ändern, ist in vielen Fällen einfacher und schneller, als die Welt zu ändern.

2. Ein spiritueller Mensch hat keine negativen Gefühle.
Diese Überzeugung birgt das Risiko der Verdrängung von als negativ erlebten Gefühlen, wie z. B. Ärger oder Angst. Die beständige

Verdrängung von Ärger kann zu vielfachen psychosomatischen Beschwerden führen. Zudem kann dann kein zieldienlicher Umgang mit Ärger gelernt werden. Der eigene Ärger wird dann vielfach auf andere projiziert, die in der Folge als aggressiv erlebt und abgewertet werden. Auch Impulsausbrüche in den ungeeignetsten Momenten werden durch beständig unterdrückten Ärger wahrscheinlicher. Angst beständig zu verdrängen, erhöht das Risiko von Panikattacken, Zwangsstörungen und unnötig risikohaftem Verhalten. Die eigene Spiritualität gering zu achten, weil man (noch) negative Gefühle hat, kann deprimierend wirken.

3. Ein spiritueller Mensch ist immer gelassen.
Wer dies von sich erwartet, steht laut Boletino (2001) in Gefahr, für Anforderungen des Alltags blind zu werden, z. B. indem er Schritte zur Gesundheitsfürsorge bzw. Krankheitsprävention und Krankenbehandlung unterlässt, Aufgaben der Alltagsbewältigung aufschiebt, Hilfsbedürftigen keine Hilfe leistet oder schweigt, wenn anderen Unrecht geschieht. Zudem erhöht diese Haltung das Depressionsrisiko.

2.6.6 Spiritualität und Fundamentalismus

Die vielleicht gefährlichste Form »negativer Spiritualität« ist Fundamentalismus. Dort wird Spiritualität als Rechtfertigung dafür missbraucht, sich über andere zu erheben und die eigenen Vorstellungen notfalls mit Gewalt durchzusetzen (→ Kapitel 3.6.3).

Hauptrisikofaktoren für spirituellen Fundamentalismus nach Streib (2017) sind:
- Ethnozentrische Religiosität: die Eigenschaften der eigenen spirituellen Gruppe werden als Bewertungsgrundlage vorausgesetzt. Die eigene Gruppe/Überzeugung ist allen anderen überlegen[8]
- Alleiniger Wahrheitsanspruch
- Glaube an einen »Richtergott« oder andere überwiegend richtende höhere Mächte, vor denen jede*r bestehen muss
- Männlichkeitsnormen, die Gewalt rechtfertigen bzw. legitimieren

---
8 Das Gegenstück wäre universalistische Religiosität (Streib 2017).

Jeder einzelne dieser Faktoren kann ausreichen, um Gewaltbereitschaft und andere radikale Einstellungen und/oder Verhaltensweisen (z. B. Rechtsradikalismus, Islamfeindlichkeit, Islamismus, Antisemitismus) bei jungen Menschen zu bewirken. Männlichkeitsnormen, die Gewalt rechtfertigen, sowie die Anzahl delinquenter Freunde sind die wichtigsten Vorhersagekriterien für Gewaltbereitschaft (Baier et al. 2010). Ethnische Herkunft, Migrationshintergrund und Religionszugehörigkeit haben demgegenüber einen verschwindend geringen Einfluss (Baier et al. 2010). Die Ausrichtung auf ein Jenseits, das wichtiger ist als das Leben auf der Erde und in dem man dafür belohnt wird, die eigene Spiritualität extrem vertreten zu haben, begünstigt zudem fundamentalistische Haltungen (vgl. Märtyrer*innen und Selbstmordattentäter*innen).

Alle fundamentalistischen Gruppen, Sekten und Kulte nutzen Rituale wirkungsvoll. Wir sollten diesen nicht das Feld der Rituale überlassen.

2.6.7 Jugendsekten und Satanismus

Spiritistische, satanistische und durch Sekten vermittelte Spiritualität spielt (was die Auftretenshäufigkeit angeht) laut Bucher (2007) keine nennenswerte Rolle bei Jugendlichen. Wo sie auftreten, zeigen sich die unter »negativer Spiritualität« beschriebenen Dynamiken.

2.7 Übersicht: Spiritualität als Resilienz- bzw. Risikofaktor

Tabelle 2 zeigt eine (vereinfachte) Zusammenschau der zuvor dargestellten Ergebnisse. Dabei gilt es immer, auch die spezifische Situation in einem gegebenen Kontext zu beachten. In einer ausweglos scheinenden Situation kann es z. B. sehr hilfreich sein, eine höhere Macht anzurufen, welcher zugeschrieben wird, die Situation doch noch lösen zu können (Vgl. Verantwortungsabgabe). Auch kann es hinderlich wirken, den Sinn hinter einer leidvollen Situation zu suchen, statt diese zu verändern. Als Orientierung kann dennoch gelten: Ausformungen von Spiritualität, die der mittleren Spalte entsprechen, gilt es zu fördern. Ausformungen, die der rechten Spalte entsprechen, gilt es so zu behandeln, wie alle anderen Risikofaktoren auch.

Tabelle 2: Spiritualität als Risiko bzw. Resilienzfaktor

	Resilienzfaktor	Risikofaktor
Wahrnehmung einer höheren Macht als	liebevoll/wohlgesonnen/behütend/stark	böswillig/richtend/strafend/überwachend/gleichgültig/geringschätzend/schwach
Beziehung zu höherer Macht	liebevoll, kooperativ, selbstwertstiftend	Unterwerfung, ängstlich, sich kleinmachend
Werte	Achtung, Respekt, Liebe ... gegenüber allen Menschen	Gewalt generell oder gegenüber bestimmten Gruppierungen bzw. zu bestimmten Anlässen rechtfertigend
Männlichkeitsnormen	... die Friedfertigkeit stützen (z. B. Mann als Hüter)	... die Gewalt rechtfertigen (z. B. Mann als Krieger)
Wahrheitsanspruch	relativ, eigene Wirklichkeit	absoluter Wahrheitsanspruch
Gruppendynamik	verbindend, gemeinschaftsfördernd (auch über die eigene Gruppierung hinaus)	ausgrenzend, isolierend
Geltungsbereich	universalistisch, für alle Menschen offen, Einbeziehen anderer Lebenswelten	ethnozentrisch, überwiegend oder ausschließlich auf die eigene Gruppierung (z. B. Rasse, Religion) bezogen bzw. nur für bestimmte Menschen zugänglich
Verantwortlichkeit	gemeinsam mit höherer Macht, Meister*in o. ä.	Verantwortungsabgabe an höhere Macht, Meister*in
Ziel für den Alltag	präsent und selbstwirksam sein	Flucht aus dem Alltag

	Resilienzfaktor	Risikofaktor
Alltagsbewältigung	positives Coping	negatives Coping
Motivation	intrinsisch, eigenen Erfahrungen folgend	extrinsisch, entgegen der eigenen Überzeugungen, insbesondere erzwungen
Jenseitswahrnehmung/Andersweltwahrnehmung	parallel zum Alltag, sich gegenseitig beeinflussend	die Alltagsrealität/ das physikalische Leben hat neben dem Jenseits keine Bedeutung
Sicht auf Krankheit/ Leid	höherer oder individueller Sinn, durch höhere Macht begleitet	Strafe, Folge eigener Schuld oder Unzulänglichkeit, Verklärung von Leid

2.8 Hilfen zur Bewertung spiritueller Gruppen

Da es die unterschiedlichsten spirituellen Gruppierungen gibt, ist es hilfreich, Kriterien dafür zu haben, welche als resilienzfördernd und welche als gefährdend einzustufen sind. Eine Möglichkeit ist, zu überprüfen, inwieweit die in diesem Kapitel beschriebenen Resilienz- und Risikofaktoren von einer Gruppierung präsent sind. Hilfestellung gibt auch die folgende Checkliste.

2.8.1 Bonewits' Sektengefahr Checkliste

Bonewits hat über Jahrzehnte Kriterien beforscht, die fundamentalistische und radikale spirituelle Gruppierungen gemeinsam haben (Bonewits 1989, 2008). Er verwendet als Sammelbegriff das englische »cult« das in der deutschen Version mit »Sekte« übersetzt wird (Bonewits' Cult Danger Scale bzw. deren deutsche Version »Isaac Bonewits' Sektengefahr Checkliste«). Der Begriff »Sekte« wird im Deutschen sehr kontrovers diskutiert und hat verschiedene Bedeutungen. Für die hier vorgestellte Verwendung trifft die Definition aus dem Duden (Dudenredaktion o. J. a) am ehesten zu:

»kleinere Gemeinschaft, die in meist radikaler, einseitiger Weise bestimmte Ideologien oder religionsähnliche Grundsätze vertritt, die nicht den ethischen Grundwerten der Gesellschaft entsprechen«.

Bonewits' Skala umfasst 18 Kriterien, die auf Sekten, Kulte, Religionen und andere spirituelle Gruppen angewendet werden können. Für jeden Punkt wird auf einer Skala von 1–10 bewertet, inwieweit dieser Punkt für die Gruppierung zutrifft. Je höher die Bewertung ausfällt, desto gefährlicher wird die entsprechende spirituelle Gruppierung eingeschätzt. Die Checkliste enthält Inhalte wie »Interne Kontrolle« (also wie sehr die Gruppierung von einzelnen Führungspersonen kontrolliert wird bzw. welche Rechte die Mitglieder haben), Unfehlbarkeitsansprüche der Führungspersonen und/oder der Lehre, Rechtfertigung von Gewalt und »Heuchelei« (also z. B. ob die Gruppe bestimmte Handlungen für schlecht hält, es sei denn, sie dienen der Gruppe). Die komplette Liste lässt sich kostenlos unter http://www.neopagan.net/ABCDEF_German.html herunterladen.

2.8.2 Zusätzliche Kriterien und Fragen

Zusätzliche Kriterien
- Offenheit einer Gruppe nach außen: Kann ein Außenstehender die zentralen Informationen über die Gruppe erhalten?
- Transparenz von Zielen/versteckte Agenden: Verfolgt die Gruppe andere Ziele als offiziell benannt wird?
- Integrität: Entspricht das Verhalten den benannten Zielen und Werten?

Hilfreiche Fragen für die Einschätzung
spiritueller Gruppierungen:

- Wie stellt sich eine Gruppe dar und wie ist sie tatsächlich?
- Wie wird diese Gruppe vom Jugendlichen/dessen Familie/Peergroup gesehen?
- Welche Auswirkungen werden vom betroffenen Jugendlichen (und dessen wichtigen Bezugspersonen) beschrieben? Welche Auswirkungen werden von Betreuer*innen und anderen Außenstehenden wahrgenommen?

- Sind diese Effekte wirklich auf die Spiritualität der Gruppe zurückzuführen oder auf andere Faktoren, die diese Gruppe betreffen? Ist etwa ein Kind oder ein*e Jugendliche*r in ein anderes Gruppenmitglied verliebt; geschieht dort Mobbing; ist eine Person, die das Kind den Jugendlichen misshandelt oder missbraucht hat, Teil dieser Gruppe; gibt es Erwartungen der Eltern, die das Kind innerhalb der Gruppe erfüllen soll u. ä. m.
- In großen Organisationen, wie z. B. christlichen oder muslimischen Gruppen, gibt es oft sehr viele Untergruppen mit unterschiedlicher Ausprägung. Mit welcher davon ist der*die Jugendliche in Kontakt?

Eine intensive Auseinandersetzung mit Licht- und Schattenseiten spiritueller Gruppen finden Sie in »Meister, Gurus, Menschenfänger: Über die Integrität spiritueller Wege« (Anthony, Ecker, Wilber 1998).

2.9 Schlussfolgerungen für die Kinder- und Jugendhilfe

Spiritualität kann positive wie negative Wirkungen haben. Die belegten positiven Auswirkungen sind vielfältiger als die negativen (Bucher 2007). Es gibt erforschte Kriterien dafür, welche Aspekte von Spiritualität eher Resilienz- oder Risikofaktoren darstellen. Mit jedem Kind/Jugendlichen sollte überprüft werden, inwieweit spirituelle Aspekte in dessen Leben wichtig sind bzw. eine Sehnsucht danach besteht und ebenso, inwieweit die spirituelle Wirklichkeit der Betreuten als resilienzfördernd oder schädigend einzustufen ist. Betreuten Mädchen und Jungen sollten resilienzfördernde Aspekte von Spiritualität nahegebracht werden. Resilienzfördernde Aspekte, welche die jungen Menschen mitbringen, sollten gewürdigt und gefördert werden. Spirituelle Risikofaktoren sollten kritisch hinterfragt, reduziert oder aufgelöst werden (→ Kapitel 3).

Gehört ein junger Mensch einer spirituellen Gruppierung an oder interessiert sich für diese, sollte mit den zuvor benannten Kriterien überprüft werden, inwieweit die Gruppierung als resilienzfördernd oder schädigend einzustufen ist. Idealerweise geschieht dies gemeinsam mit dem Jungen oder Mädchen.

2.10 Auf einen Blick

Bewertungen von Spiritualität sind immer abhängig von Zeit, Kultur und Kontext.

In diesem Band gilt Spiritualität als positiv, wenn sie
- Resilienz fördert
- in Einklang mit den Menschenrechten ist
- das liebevolle Miteinander fördert

Was dem entgegensteht, wird als negativer Aspekt von Spiritualität angesehen.

»Positive Spiritualität« hat positive Einflüsse auf u. a.:
- Körperliche und Psychische Gesundheit sowie die Lebenserwartung
- Empfinden von Glück, Lebenszufriedenheit und Lebensfreude
- Erleben von Sinn
- Kreativität
- Verarbeitung schlimmer Erlebnisse
- Straftatenfreiheit und Abstinenz von Drogen
- Leben in Gemeinschaft

Spirituelle Heilweisen können nachweislich wirksam sein.

Spiritualität wirkt als Risikofaktor,
- wenn durch sie Gewalt geschieht bzw. gerechtfertigt wird
- wenn sie mit Verantwortungsabgabe einhergeht
- wenn sie unter Zwang geschieht oder rein extrinsisch motiviert ist

Es gibt positive und negative spirituelle Bewältigungsstile.

Auf einen Blick

Die Hauptrisikofaktoren für spirituellen Radikalismus sind
- Ethnozentrische Religiosität
- Alleiniger Wahrheitsanspruch
- Glaube an einen Richtergott
- Gewalt legitimierende Männlichkeitsnormen

Die Bonewits' Sektengefahr Checkliste gibt Anhaltspunkte dafür, ob eine spirituelle Gruppierung als Risikofaktor angesehen werden sollte.

Positive und negative Aspekte von Spiritualität sind in Tabelle 1 gegenübergestellt.

Spirituelle Begleitung und Förderung ist Teil der UN-Kinderrechte.

Kinder und Jugendliche haben ein Recht darauf, Religion/Spiritualität auf die eigene Art und Weise zu leben. Sie haben zudem das Recht, dabei unterstützt und angeleitet zu werden.

Spiritualität findet in der aktuellen Kinder- und Jugendhilfe fast keine Beachtung.

Spiritualität hat angeborene Komponenten, ihre Ausformung ist jedoch stark durch das Umfeld geprägt.

Stärkung resilienzfördernder Spiritualität trägt dazu bei, die im KJHG festgeschriebenen Großziele zu erreichen.

Spirituelle Interventionen sind notwendiger Bestandteil von Lebensweltorientierung und Bildungsauftrag.

Spirituelle Begleitung und Förderung wirkt Extremismus entgegen.

Es benötigt gute Gründe, Kindern oder Jugendlichen spirituelle Begleitung und Förderung vorzuenthalten.

3 Spiritualität im Jugendhilfealltag – Hilfen zur Umsetzung

> »Durch Zeremonien und die tägliche spirituelle Praxis lernt der Mensch, dass sein eigener Beitrag zum Leben unverzichtbar ist, andererseits aber auch schon sein bloßes Dasein genügt, um vom Leben getragen zu werden.«
> (Anja Gundelach)

Die Möglichkeiten, Spiritualität resilienzfördernd in der Kinder- und Jugendhilfe zu nutzen, sind so vielfältig, dass diese allein ein ganzes Buch füllen könnten. In dieser Veröffentlichung liegt der diesbezügliche Schwerpunkt auf Ritualen (→ Kapitel 5–7). In diesem Kapitel werden zunächst ein paar hilfreiche Rahmensetzungen besprochen sowie eine Auswahl konkreter spiritueller Interventionen vorgestellt.

3.1 Selbstverständlichkeit von Spiritualität

Der wohl wichtigste Punkt ist, ernst zu nehmen,
- dass spirituelle Erfahrungen die Lebenswelt jedes Kindes mitprägen (→ Kapitel 1.1; 2.5.7; 2.5.8).
- dass Spiritualität je nach Ausprägung einer der stärksten Resilienz- bzw. Risikofaktoren sein kann.
- und deswegen Spiritualität so selbstverständlich in die Alltagspädagogik zu integrieren ist wie alle anderen wichtigen Lebensaspekte auch.

Dies bedeutet auch, Spiritualität den Nimbus des ganz Besonderen zu nehmen, der ihr von vielen zugeschrieben wird. Fragen Sie bei oder vor der Aufnahme von Kindern und Jugendlichen genauso nach spirituellen Erfahrungen wie nach Hobbys, schulischen Erfahrungen oder dem Lieblingsessen. Achten Sie im Alltag auf Äußerungen und Verhaltensweisen, die spirituelle Inhalte haben. Nutzen Sie Gegebenheiten, die spirituelle Themen berühren (können) für Gespräche (z. B. Feste wie Weihnachten, Nachrichten über Extremismus, Klimaerwärmung, Übernachtung unter freiem Himmel, Lagerfeuer oder schwere Schicksale). Mit diesem Vorgehen finden Sie erfahrungsgemäß bei so gut wie allen jungen Menschen spirituelle Aspekte, die diesen wichtig sind.

3.1.1 Über Spiritualität reden

Über Spiritualität zu reden, fällt vielen (Betreuten wie Mitarbeiter*innen) nicht leicht, sie wird z. b. als sehr privat, tief berührend, peinlich oder kaum in Worte zu fassend erlebt. Ganz ähnlich ist es mit Sexualität – und dennoch würde niemand bestreiten, dass es zum Erziehungsauftrag gehört, Sexualität zu thematisieren. Bieten Sie Rahmensetzungen und Aktivitäten an, in denen spirituelle Erfahrungen gemacht werden können. Prüfen sie dabei unvoreingenommen, ob Aspekte der Spiritualität eines Kindes oder Jugendlichen resilienzfördernd oder Risikofaktor sind. So haben Sie eine Richtschnur dafür, was es zu stärken und was es zu hinterfragen oder abzubauen gilt. Dafür ist es hilfreich, die allgemeinen Dimensionen von Spiritualität bzw. unterschiedliche Definitionen von Spiritualität zu kennen (→ Kapitel 1.1). Dies erleichtert es, spirituelle Prozesse sowohl zu erkennen als auch anzustoßen.

3.1.2 Nutzen der allgemeinen Dimensionen von Spiritualität

Alleine aus den Dimensionen von Spiritualität (→ Kapitel 1.1) lassen sich vielfältige sinnvolle Interventionen ableiten, etwa Unterstützung bei der Sinnsuche; Aktivitäten, welche intensives Naturerleben fördern; das Einüben von Achtsamkeit gegenüber sich und anderen oder die Auseinandersetzung mit Erfahrungen von umfassender Verbundenheit oder der Erfahrungen eines generell fehlenden Zugehörigkeitsgefühl.

3.1.3 Orientierung an der Spiritualität der Betreuten unter Berücksichtigen der eigenen Spiritualität

Kinder und Jugendliche lehnen in der Regel fremde Religionen und spirituelle Erfahrungen nicht ab, sondern sind ihnen gegenüber eher neugierig und experimentierfreudig. Sofern ihre eigene Spiritualität gewürdigt wird, lassen sich die meisten Betreuten für ganz unterschiedliche spirituelle Aktivitäten und Erfahrungen begeistern. Zu etwas gezwungen zu werden, das den eigenen spirituellen Überzeugungen widerspricht, gilt jedoch klar als Risikofaktor (→ Kapitel 2.5.5).

Falls Sie selbst eine klare spirituelle Ausrichtung haben, kann dies ein Vor- oder Nachteil sein. Kinder und Jugendliche suchen Orientierung. Diesbezüglich aus dem eigenen Erfahrungsschatz berichten und handeln zu können, ist eine wertvolle Ressource. Andererseits kann es dazu verführen, nicht auf die Belange des Gegenübers zu achten, sondern stattdessen das Eigene so wertvolle weitergeben zu wollen. Über das Eigene zu reden, ohne es den Betreuten überstülpen zu wollen, ist ohne Frage wertvoll.

Falls Sie von einer spirituellen Richtung enttäuscht sind, kann dies dazu führen, dass sie jegliche (oder eine bestimmte) Spiritualität abwerten. Es kann aber auch dazu führen, dass Sie junge Menschen, die ähnliches erlebt haben, besser verstehen und begleiten können. Ähnliches gilt, wenn Sie selbst unsicher und noch auf der Suche sind, ob und wie Spiritualität in Ihrem Leben einen Platz haben soll.

Falls Sie ganz in der physikalisch-chemischen Welt leben und alles »Übernatürliche« als Fantasieprodukt ansehen, können Sie dies nutzen, um allen spirituellen Richtungen ähnlich gegenüberzutreten und wenig vorgeben zu wollen. Andererseits kann es sein, dass Sie die Bedeutung von Spiritualität als Resilienz- oder Risikofaktor nicht wahrnehmen (wollen). Dies kann zum einen dazu führen, diesen Bereich komplett auszuklammern oder Kinder und Jugendliche zum eigenen Weltbild führen zu wollen – unabhängig davon, ob für diese etwas anderes resilienzfördernder wäre. Ob Sie wollen oder nicht, Ihre persönlichen spirituellen Erfahrungen, Überzeugungen und Werte werden jeden Umgang mit der Spiritualität der Betreuten färben, wenn nicht sogar prägen. Daher ist es notwendig, sich mit der eigenen (Nicht-)Spiritualität auseinanderzusetzen (→ Kapitel 4).

3.1.4 Eigene und fremde Spiritualität

Kinder (und Mitarbeitende) sollten erleben, was alles zum eigenen kulturellen (und somit auch spirituellen) Zuhause gehört und von dessen Traditionen geprägt ist. Weder die eigene Kultur noch all das von ihr geprägte sind einfach austauschbar. Ebenso gilt es, (bei sich, den Betreuten, den Kolleg*innen) Sensibilität dafür zu schaffen, dass andere Menschen ein anderes kulturelles Zuhause haben und dass auch dieses und dessen Prägung nicht austauschbar ist. Harz (2006) betont diesbezüglich, dass es wichtig ist, anzuerkennen, dass einem selbst vieles an anderen spirituellen Wegen/Religionen fremd ist und trotz aller Bemühungen fremd bleiben wird. Zum hilfreichen Umgang gehört Neugier, Offenheit sowie die Bereitschaft, das jeweils andere – zumindest prinzipiell – als gleichberechtigt anzusehen. Daher ist es wichtig, sich der eigenen (momentanen) Position(en) bewusst zu werden. Je besser Sie die eigenen spirituellen Inhalte und Dynamiken kennen, desto besser ist es Ihnen möglich, zu überprüfen, auf welche Weise Sie diese in den Erziehungsalltag mit unterschiedlichen jungen Menschen einfließen lassen wollen (→ Kapitel 4).

Beachten Sie dabei, dass Sie nicht als Privatperson in den Dienst kommen, sondern in einer professionellen Rolle mit definierten Aufträgen mit den Kindern und Jugendlichen in Beziehung gehen. Dies beinhaltet u. a., sich ganz klar an dem auszurichten, was für die jungen Menschen wichtig und wirklich ist, sowie an dem, was diesen gut tut oder schadet (→ Kapitel 2.5).

Eine ausführliche praxisorientierte Auseinandersetzung mit Rollenklarheit und professioneller Beziehung finden Sie bei Baierl (2017, S. 66 f.). Um die eigenen Werte nicht zu verleugnen, sich aber dennoch an den Betreuten orientieren zu können, ist es besonders wichtig, sich der professionellen Rolle und den damit verbundenen Aufträgen bewusst zu sein. Hilfreich ist zudem, sich gut damit auszukennen, welche spirituellen Ausformungen als resilienzfördernd bzw. Risikofaktoren gelten. Dies ist die Richtschnur dafür, was es zu unterstützen bzw. zu hinterfragen gilt. Evtl. hilft es auch, zu schauen, ob es nicht doch eine gemeinsame Schnittmenge gibt, z. B. Werte, die in der Spiritualität der Betreuten ebenso wichtig sind wie in Ihrer eigenen. Um einen oder mehrere gemeinsame Nenner zu finden, hilft es, die Inhalte aus Kapitel 4 für sich und mit dem jungen Menschen durchzugehen. Diesbezüglich sind auch die Ergebnisse von Küng (1990, S. 82) interessant. Im »Projekt Weltethos« wurden fünf Gebote der Menschlichkeit herausgearbeitet, die sich alle Religionen teilen: nicht töten, nicht lügen, nicht stehlen, nicht Unzucht treiben, Eltern achten und Kinder lieben.

Die eigene Spiritualität (z. B. was Sie als »Sinn des Lebens« ansehen) kann demnach als eine wertvolle Ressource genutzt werden, um junge Menschen zu verstehen, zu begleiten und anzuleiten. Haben Sie jedoch eine spirituelle Ausrichtung, die es ihnen nicht ermöglicht, sich an den spirituellen Bedürfnissen der Kinder und Jugendlichen zu orientieren, wird es schwierig. Etwa, wenn Sie davon überzeugt sind, dass nur Ihre Religion zum Heil führt und alles andere zu verdammen sei, oder wenn Sie alles Spirituelle rundum ablehnen. In diesem Fall sollten Sie gut überprüfen, ob Sie in einem Erziehungsberuf richtig sind. Jedwede persönliche Überzeugung (ob spirituell oder nicht), die Sie daran hindert, einen Teil der Aufgaben für die Sie eingestellt sind und bezahlt werden, zu erfüllen, sollte dieselbe Frage aufwerfen. Nicht nur bei Konflikten bezüglich spiritueller Aspekte ist die Unterscheidung zwischen Wahrheit und Wirklichkeit ein wertvolles Instrument.

3.1.5 Wahrheit und Wirklichkeit

Das Konzept »Wahrheit« beinhaltet, dass es eine einzige für alle gültige Wahrheit gibt (vgl. Mücke 2001). Diverse Weltanschauungen, Religionen und Philosophien beschäftigen sich seit Jahrtausenden damit, ob es eine solche Wahrheit gibt und wie diese aussieht. Das Konzept »Wahrheit« beinhaltet meist, das eigene Weltbild für wahr zu halten und andere von dieser Wahrheit überzeugen zu wollen. In einigen Aspekten ist dieses Konzept sehr hilfreich, z. B. wenn Erzieher sich auf das Grundgesetz oder andere vorgegebene Rahmensetzungen beziehen können.

Das Konzept »Wirklichkeit« beinhaltet etwas gänzlich anderes. Meine Wirklichkeit ist das, was auf mich wirkt und das worauf ich wirke (vgl. Mücke 2009). Daher unterscheidet sich meine Wirklichkeit notwendigerweise von der Wirklichkeit aller anderen Menschen. Zudem verändert sich meine Wirklichkeit beständig, wenn ich mich verändere oder meine Umgebung sich verändert.

Damit wir jungen Menschen hilfreich zur Seite stehen können, muss unser Tun in deren Wirklichkeit sinnvoll sein. Dies erfordert, sich in der Wirklichkeit der Kinder bewegen zu können, um bei diesen wirksam zu sein. Als Faustregel kann gelten, sich soweit in die Wirklichkeit der Jungen und Mädchen zu begeben, dass man deren Wirkkräfte spürt, aber fest genug in der eigenen Wirklichkeit verankert zu sein, um davon nicht mitgerissen zu werden. Um den spirituellen Wirklichkeiten der Kinder und Jugendlichen sicher begegnen zu können, ist es hilfreich, sich der eigenen Standpunkte bewusst zu sein. Wichtig ist zudem die Offenheit für »fremde Welten« sowie die Anerkennung, dass diese Welten für das Gegenüber genauso »wirklich« sind, wie meine Welt für mich. Der hilfreiche Umgang mit Wirklichkeiten wird sehr ausführlich in Mücke (2009) dargestellt und deutlich kompakter in Baierl (2017).

3.1.6 Spiritualität als Fantasie oder Erleben einer äußeren Wahrheit

In Kapitel 1.2 werden die Grundweltsichten: Spiritualität als Fantasieprodukt bzw. Erleben einer äußeren Wahrheit ausführlich besprochen. Für beide Standpunkte gibt es keine Beweise. Dennoch prägen beide Standpunkte zutiefst, wie wir mit spirituellen Themen umgehen und welche Sprache wir dafür nutzen. Daher ist es besonders wichtig, in diesem Punkt die Wirklichkeit des jeweiligen Kindes oder Jugendlichen aufzunehmen. Ob Sie davon ausgehen, dass es reale Gegenüber (z. B. Spirits, Gott oder spezielle Energien) aus der spirituellen Welt gibt, oder dies letztendlich psychologische Konstrukte (bzw. Produkte der eigenen Fantasie) sind, ist in vielen Aspekten gleichgültig. In beiden Fällen sind diese »Gegenüber« Teil der Wirklichkeit des*der Jugendlichen und deshalb wirksam.

Falls Sie ein gänzlich anderes Weltbild haben wie ein betreuter Junge oder betreutes Mädchen, fragen Sie sich, ob ein spezifischer Aspekt der Spiritualität des Kindes Resilienz-, Risikofaktor oder neutral ist. Ist er resilienzfördernd, gilt es, diesen zu unterstützen. Ist er ein Risikofaktor, sind die in Kapitel 3.6 beschriebenen Vorgehensweisen hilfreich.

3.1.7 Die Macht der Sprache

Achten Sie dabei genau auf Ihre Sprache! Ein Kind, das z. B. fest an sein Krafttier glaubt, hat wenig davon, wenn Sie ihm sagen:

»Stell dir nun vor, dein Krafttier würde neben dir stehen und dich beschützen.« Damit transportieren Sie unterschwellig: »Das, was dir Kraft gibt, ist reine Fantasie«. Der Satz: »Du hast doch ein Krafttier, rufe es und bitte, dass es dich beschützt«, nimmt die Spiritualität des Kindes ernst und stärkt es dadurch. Ein anderes Kind, das ganz in der physikalisch, chemischen Welt verankert ist, wird genauso wenig davon profitieren, wenn Sie ihm sagen: »Mach dir bewusst, dass Dein Krafttier bei dir ist und dich beschützt.« Vielleicht kann es aber von Imaginationsübungen profitieren und der Satz: »Stell dir nun vor, ein Krafttier würde neben dir stehen und dich beschützen«, ist eine echte Hilfe. Mehr zu Imaginationen finden Sie z. B. bei Reddemann (2004). Achten Sie also auch in Ihrer Sprache darauf, die Wirklichkeit der Betreuten aufzunehmen. Im Zweifelsfall können Sie immer Formulierungen wählen, die offen lassen, ob etwas als real oder Fantasie angesehen wird.

3.2 Ausgewählte Spirituelle Handlungen

3.2.1 Gebete und Co.

Viele spirituelle Richtungen kennen so etwas wie ein Gebet oder die Anrufung einer höheren Macht. Dass Gebete bei Menschen, für die gebetet wird, auch dann etwas bewirken können (nicht müssen), wenn diese nichts davon wissen, ist schon lange belegt (z. B. Joyce, Welldon 1965; Benson, 1996) Bremmer et al. (2011) haben einen anderen Aspekt untersucht, der speziell für die Jugendhilfe interessant ist:

- Betet man für eine*n Fremde*n, führt dies dazu, sich in der unmittelbaren Folge nicht so schnell provozieren zu lassen bzw. weniger aggressiv zu werden. Bloßes Nachdenken über eine*n Fremde*n hatte diesen Effekt nicht.
- Betet man für jemanden, der einen provoziert, empfindet man diesem gegenüber weniger Aggressivität.
- Betet man für eine*n Freund*in, lässt man sich ebenfalls weniger schnell provozieren bzw. reagiert weniger aggressiv auf Provokationen. Bloßes Denken an eine*n Freund*in wirkt in dieselbe Richtung, aber deutlich weniger stark.

Aggressionen sind eine der am meisten als problematisch beschriebenen Verhaltensweisen in der Jugendhilfe. Hat ein Kind oder ein*e Jugendliche*r Zugang zu irgendeiner Form des Betens (oder kann dieser Zugang mit ihr*ihm erarbeitet werden), kann dies also ein guter Weg der Aggressionsreduzierung sein. Hat z. B. ein Jugendlicher Schwierigkeiten, seinem Ausbilder gegenüber nicht aggressiv zu werden, kann er dazu angeleitet werden, regelmäßig oder in Gefährdungssituationen für diesen zu beten oder eine gebetsähnliche Praxis durchzuführen (z. B. diesem innerlich alles Gute wünschen). Je mehr Sie sich mit spirituellen Praktiken und deren Wirkungen auseinandersetzen, desto vielfältiger werden Ihre Ideen, was sie den Kindern oder Jugendlichen alles anbieten können.

3.2.2 Essen und Trinken

Dass viele Muslime bestimmte Essvorschriften einhalten, wird mittlerweile zum Glück fast überall unterstützt. Essen kann jedoch noch auf viel mehr Wegen Teil spiritueller Vollzüge sein. Es lohnt sich, nachzuforschen, ob es in den Traditionen der Betreuten z. B. bestimmte Gerichte gibt, die mit bestimmten Festtagen, Anlässen, Situationen oder Themen verbunden sind, um diese dann zu diesen Anlässen zuzubereiten bzw. zu essen und zu trinken. Das beginnt bei so profanen Dingen wie Weihnachtsgebäck und reicht bis zur Lieblingsspeise der verstorbenen Mutter oder rituellen Speisen und Getränken in diversen Kontexten.

3.2.3 Kleidung

Ähnliches gilt für Kleidungsvorschriften oder Vorlieben. Hier mischen sich natürlich persönliche, kulturelle und spirituelle Aspekte.

Jelena ist ein 14-jähriges Mädchen und Außenseiterin. Sie kleidet sich deutlich bunt mit ungewöhnlichen Farbkombinationen und viel glänzendem Schmuck, was Gleichaltrigen negativ auffällt. Ihre Bezugserzieherin arbeitet seit einiger Zeit mit ihr. Sie soll ihren Kleidungsstil ändern, um sich leichter zu integrieren, was Jelena ablehnt, ohne dies begründen zu können. In der Supervision wird erkannt, dass Jelena Roma ist und sich ihrer Kultur gemäß kleidet, obwohl sie als Säugling in eine deutsche Familie adoptiert wurde und die Roma-Kultur nicht kennt. Als dies mit Jelena besprochen wird, fängt sie an zu weinen und sagt selbst, dass sie immer gewusst habe, dass es wichtig ist, sich so zu kleiden, um sie selbst zu bleiben. In der Folgezeit kleidet Jelena sich »mit Sinn und Verstand« mal so mal so und wird dabei unterstützt. Für Jelena hat diese Auseinandersetzung ein tiefes Gefühl der Verbundenheit mit ihrer unbekannten Familie geschaffen und sie fühlt sich seither »behütet und weniger verloren«.

Dies ist sicher ein sehr untypisches Beispiel und man kann sich darüber streiten, ob hier spirituelle Aspekte am Werk waren oder nicht. Ich füge es an dieser Stelle dennoch ein, weil es zum Nachfragen ermuntert, um besser zu verstehen, und/oder um einen möglichen tieferen Sinn in Situationen und Verhaltensweisen zu entdecken.

3.3   Spiritualität in Gruppen

Die positiven Aspekte von Spiritualität werden noch verstärkt, wenn man zu einer Gruppe gehört und mit dieser gemeinsame spirituelle Erfahrungen macht (→ Kapitel 2). Wenn ein Kind oder ein*e Jugendliche*r also einer spirituellen Gruppierung angehört (und diese resilienzfördernd oder zumindest kein Risikofaktor ist), sollte es selbstverständlich sein, zu versuchen, ihr*ihm Erfahrungen in dieser Gruppe zu ermöglichen, sei es bei Festen, Vorträgen, Glaubensfeiern oder der Freizeitgestaltung. Oft höre ich, dass dies wegen der Dienstplangestaltung leider nicht möglich sei. Selbst der Gottesdienstbesuch in einer wenige Straßen entfernten Kirche sei nicht zu organisieren – noch viel weniger die Kontakte zu anderen religiösen Gruppen oder Anlässen. Auf einer Ebene trifft dies sicher zu – leider ist nicht immer all das möglich, was gut wäre. Andererseits werden oft viel mehr Hürden genommen, um einen jungen Menschen im Sportverein anzubinden, als ihm Kontakte zu einer spirituellen Gruppe zu ermöglichen, die seiner Spiritualität entspricht bzw. der er sich zugehörig fühlt. Wird solch ein Anliegen jedoch ernst genommen, werden oft genug Wege gefunden, dies regelmäßig oder gelegentlich zu ermöglichen. Teilweise funktioniert auch der umgekehrte Ansatz besser, wenn Vertreter*innen (offizielle, z. B. Gemeindereferent*innen/Imam*innen oder privat engagierte)

den jungen Menschen besuchen kommen. Mit etwas Recherche finden sich zu fast allen spirituellen Ausrichtungen gute Ansprechpartner*innen, die in der Regel gerne mit Ihnen kooperieren. Als zentrale Anlaufstellen eignen sich z. B.:
- Bundeszentrale für politische Bildung (z. B. https://www.bpb.de/politik/extremismus/radikalisierungspraevention/212435/praevention-in-schule-und-jugendhilfe)
- Liberal-Islamischer Bund e. V. (https://lib-ev.jimdo.com/)
- Evangelische Zentralstelle für Weltanschauungsfragen (https://www.ezw-berlin.de/html/index.php)
- Fachbereich Weltanschauungsfragen der Erzdiözese München und Freising (bundesweite Anlaufstelle) (z. B. https://www.weltanschauungsfragen.de/beratung/beratungsstellen/)

All diese Stellen bieten unterschiedliche Arbeitsmaterialien, beraten direkt oder vermitteln Ansprechpartner*innen. Oft können diese Ihnen auch Kontaktpersonen für andere spirituelle Richtungen nennen (→ Kapitel 3.6.6).

3.4 Erlebnispädagogik als Raum für spirituelle Erfahrungen

In vielen Einrichtungen und für viele Mitarbeitenden sind erlebnispädagogische Aktivitäten attraktiver als »spirituelle Angebote« und lassen sich – gerade auch bei begrenzten Ressourcen – leichter durchsetzen. Viele der Dimensionen von Spiritualität (→ Kapitel 1.1) lassen sich hervorragend über erlebnispädagogische Angebote in den Arbeitsalltag integrieren. Dies habe ich in über 20 Jahren eigener erlebnispädagogischer Arbeit sowie in Supervisionen und Anleitungskontexten oft genug bestätigt bekommen. Als Ziele oder Wirkungen von Erlebnispädagogik werden z. B. immer wieder genannt: Gemeinschaftserleben, Teamfähigkeit und Kooperation, Vitalitätsgefühl, Verantwortlichkeit, Werteentwicklung, Reflexionsfähigkeit, Naturbewusstsein, Ganzheitlichkeit, Achtsamkeit, Mitgefühl, Sinn, Dankbarkeit, Transzendenz. Ausführliches zur Erlebnispädagogik finden Sie u. a. bei Michl und Seidel (2018). Explizit zu Spiritualität und Erlebnispädagogik schreiben Muff und Engelhardt (2013).

3.5 Existenzielle Fragen

Das Suchen und Finden von Sinn sowie von Antworten auf die großen Menschheitsfragen sind Bestandteil vieler Spiritualitätsdefinitionen. Gemeinsam mit den Jugendlichen Fragen zu stellen und Antworten zu suchen bzw. offen für diese Fragen zu sein, falls sie von den Kindern kommen, ist eine weitere Möglichkeit, junge Menschen in ihrer Spiritualitätsentwicklung zu fördern. Welche Rahmensetzungen sind in Ihrem Umfeld möglich um dies anzustoßen?

3.6 Umgang mit Spiritualität, die einen Risikofaktor darstellt

Der Schwerpunkt dieses Buches liegt bei Ritualen, daher werden nur einige wenige Punkte beispielhaft angesprochen. Alles, was Sie zur Hinterfragung von Weltbildern, Umgang mit Wirklichkeiten, Selbstbild und Selbstwert, Identität, Werten, Veränderungen von Glaubenssätzen sowie zum Thema Grenzüberschreitung und Gewalt kennen, lässt sich auch im Kontext von Spiritualität nutzen.

3.6.1 Allgemeiner Umgang mit Risikofaktoren

Stellt die spirituelle Ausrichtung eines Kindes ein Risiko dar oder beinhaltet diese einzelne Risikofaktoren (→ Kapitel 2.7, Tabelle 1), ist damit wie mit allen anderen Risikofaktoren auch umzugehen. Generell gilt es, Risikofaktoren abzubauen bzw. zu minimieren. Wo dies nicht möglich ist, gilt es, einen besseren Umgang mit den unabänderlichen Risikofaktoren zu entwickeln. Die Leitlinien in Kapitel 3.7 bieten dafür einen guten Hintergrund.

3.6.2 Stärken und Stabilisieren

Für Menschen, die in einer spezifischen Spiritualität verwurzelt sind, kann es zutiefst erschütternd sein, wenn die eigene spirituelle Wirklichkeit ernsthaft infrage gestellt oder im Extremfall als »schädlich« deklariert wird. In diesen Fällen ist es – sofern keine unmittelbare Gefahr droht – meist sinnvoll, mit stabilisierenden Interventionen zu beginnen. Dies beinhaltet u. a. die Stärkung von Selbstwert, sozialer Kompetenz, Problemlösefähigkeiten, Stressbewältigung, emotionaler Kompetenz, Frustrationstoleranz, Kommunikationsfähigkeiten, Erkennen und Befriedigen eigener Bedürfnisse, sozialer Integration, kognitiver Umstrukturierung und Selbstwirksamkeitserleben. Grundlage dafür ist idealerweise eine wertschätzende bzw. liebevolle professionelle Beziehungsgestaltung.

3.6.3 Religiöser Extremismus

Die Hauptursachen für religiösen Extremismus sind nach Bodensteiner und Schmid (2017)
- der Wunsch nach Zugehörigkeit in Verbindung mit erlebter Ausgrenzung und ungerechter Behandlung,
- gefühlte Benachteiligung,
- Suche nach einfachen Antworten auf komplexe Fragen,
- Wunsch nach Anerkennung und Bestätigung,
- Identitätssuche sowie
- die Unkenntnis gewaltfreier Konfliktlösungen.

Entsprechend wichtig sind erzieherische Interventionen, welche das Zugehörigkeitserleben stärken. Zudem bestimmt das Gefühl der Zugehörigkeit wesentlich die Gewissensbildung. Menschen haben vor allem dann ein schlechtes Gewissen, wenn sie Verhalten zeigen, das zum Ausschluss aus derjenigen Gruppe führen könnte, welcher sie sich zugehörig fühlen. Daher ist es wichtig, Jugendliche an Menschen und Gruppen anzubinden, welche prosoziale Werte vertreten.

Ebenso wichtig sind das Abbauen von (erlebter) Benachteiligung, Unterstützung in Schule/Ausbildung/Beruf, Auseinandersetzung mit Sinn-Fragen, Hilfen bei der Entwicklung der eigenen Identität, Stärkung von Frustrationstoleranz sowie gewaltfreie Konfliktlösestrategien als präventive Gegenmaßnahmen. Auch bei bereits radikalisierten Jugendlichen sind dies die zentralen Ansätze zur Veränderung. Erlebnisse von Selbstwirksamkeit sowie Aktivitäten, durch welche die jungen Menschen Anerkennung und Bestätigung erleben, sind dafür elementar. Zum Thema Extremismus s. a. Kapitel 2.6.6 und 3.6.3.

Gerade dann, wenn Sie identitätsstiftende Konzepte und Verhaltensweisen infrage stellen, ist es notwendig, im Gegenzug genau darauf zu achten, wofür Sie den Betreuten Anerkennung und Wertschätzung entgegenbringen können. Ein sehr gutes Werkzeug dafür ist die Anerkennung, dass hinter jedem Verhalten eine positive Motivation steckt. Diese Motivation (z. B. »mich als handlungsfähig erleben«) kann immer anerkannt werden; auch wenn die daraus entstehende Handlung (z. B. körperliche Gewalt) entschieden abgelehnt wird. Die Arbeit mit der positiven Motivation wird in Baierl (2017) ausführlich beschrieben.

3.6.4 Spiritualität und Gewalt

Allem, was gegen die Menschenwürde ist oder Gewalt rechtfertigt, ist entgegenzutreten. Die DGPPN (2016, S. 6) stellt fest:

»Die therapeutische Beziehung sowie die therapeutische Behandlung in Institutionen brauchen eindeutige Regeln. Wenn diese aufgrund religiöser und spiritueller Überzeugungen (z. B. religiöser Fanatismus/Fundamentalismus) verletzt werden, muss der Patient mit den geltenden Regeln als Teil des Realitätsprinzips konfrontiert werden. Je nach Setting (Ambulanz, stationäre Akutpsychiatrie, Praxis usw.) sind differenzierte Interventionen erforderlich, die Grenzen schützen bzw. wiederherstellen.«

Dasselbe gilt für erzieherische Kontexte. Hier gilt es, klar Position zu beziehen, die Einhaltung von Grenzen einzufordern und Grenzüberschreitungen zu ahnden. Innerhalb dieses Rahmens ist es hilfreich, gesprächsoffen zu bleiben, damit Sie die Betreuten zur Auseinandersetzung mit diesen Themen anleiten können anstatt Heimlichkeit zu fördern.

Werden Gesetze aus spirituellen Motiven verletzt, sind – wie bei allen derlei Grenzverletzungen – Polizei und Strafverfolgung wichtige Kooperationspartner*innen. Je früher Sie diesbezüglich eingreifen, desto besser. Gewalt beginnt nicht erst mit deren körperlicher Ausübung, sondern mit der Überzeugung, Gewalt sei in bestimmten Situationen oder gegenüber bestimmten Menschen gerechtfertigt.

Gehören Betreute kritischen spirituellen Gruppierungen an, hilft oft das gemeinsame Durchgehen der Bonewits-Skala (→ Kapitel 2.8.1).

Viele sind sich der schädlichen Auswirkungen bestimmter Haltungen und Verhaltensweisen nicht bewusst, lassen sich aber überzeugen, wenn diese ihnen plastisch erfahrbar gemacht werden.

3.6.5 Gewaltlegitimierende Männlichkeitsnormen

Der größte Risikofaktor für religiösen Fundamentalismus sind Männlichkeitsnormen, die Gewalt rechtfertigen (vgl. Streib 2017, S. 46). Wenn Sie diesbezüglich mit Autoritäten der spirituellen Richtung der Betreuten zusammenarbeiten können (z. B. Priester*innen, Imam*innen), die Gewalt ablehnen und in dieser Spiritualität andere Männlichkeitsnormen vertreten, ist dies ideal. Ein weiterer bewährter Weg, solche Männlichkeitsnormen infrage zu stellen, ist, die Sichtweise der Mütter ins Spiel zu bringen. Diese werden oft wertgeschätzt und lehnen die Gewaltbereitschaft ihrer Söhne ab.

Zentral ist die Erarbeitung alternativer Definitionen von Männlichkeit und/oder Stärke. Bewährt hat sich z. B. die archetypische Unterscheidung zwischen »Krieger« und »Hüter«. Die Aufgabe des Kriegers ist es, Feinde zu bekämpfen. Wer Krieger ist, braucht also Feinde und Kampf. Die Aufgabe eines Hüters ist es, die zu schützen, die in seiner Hut stehen. Dafür benötigt man keine Feinde und oft hütet man am besten so, dass erst gar kein Kampf entsteht. Sowohl zum Hüten als auch zum Krieg führen muss ein Mann stark sein bzw. in seine Eigenmacht gehen (Frauen übrigens genauso, doch fühlen sich Frauen selten vom Archetyp der Kriegerin angezogen).

Ausführliches zu stärkenden Männlichkeitsbildern finden Sie bei Fox (2011). »Metaphern, Mythen und Archetypen ermächtigen uns […] Wann immer wir uns in einem Mythos wiedererkennen, ist das ermächtigend« (Fox, Gabriel 2011, S. 21) Alle Mythen, welche es Jungen erlauben, sich mit positiven Helden zu identifizieren, eignen sich für diese Arbeit. Dabei ist es unwichtig, ob Sie einen alten Mythos wie die Artus-Sage wählen, die »Herr der Ringe«-Trilogie, Bücher wie »Der Brief für den König« von Tonke Dragt, oder in eigenen Geschichten entsprechende Inhalte transportieren. Mädchen scheinen weniger anfällig für spirituellen Extremismus zu sein. Eventuell auch deswegen, weil sie im Gegensatz zu Jungen eher mit abwertenden Weiblichkeitsbildern konfrontiert sind.

Letztendlich sind alle spirituellen Wirklichkeiten, deren Männlichkeits- oder Weiblichkeitsideale Risikofaktoren darstellen, auf ähnliche Art infrage zu stellen. Für Mädchen wie Jungen ist zentral, zu einem realistischen Selbstwerterleben geführt zu werden. Wer sich berechtigt als wertvoll und handlungsfähig erlebt, hat gute Grundlagen dafür, gut mit sich selbst und allen anderen umzugehen.

3.6.6 Spirituelle Autoritäten

Wenn vorhandene spirituelle Wirklichkeiten infrage gestellt werden, ist es notwendig, alternative spirituelle Wirklichkeiten anzubieten. Wo immer die Kinder Mitarbeiter*innen als positive Autorität erleben[9], ist es zieldienlich, die eigene (resilienzfördernde) spirituelle Wirklichkeit als EIN Modell anzubieten. Alternativ können Jugendliche mit Gruppen in Kontakt gebracht werden, deren Spiritualität der der Jugendlichen nahesteht, aber resilienzfördernd ist. Viele junge Menschen haben nur Halbwissen über ihre eigene spirituelle Gruppierung oder Richtung. Wenn Sie sich diesbezüglich schlau machen, können Sie auf Fehler und Missverständnisse hinweisen, wodurch sich bereits vieles korrigieren lässt.

Insbesondere, wenn spirituelle Überzeugungen hinterfragt werden sollen, die den jungen Menschen wichtig sind, empfiehlt es sich – wo immer dies möglich ist –, Personen oder Schriften hinzuzuziehen, die von den Betreuten als Autorität oder zumindest ernst zu nehmendes Gegenüber bezüglich der eigenen Spiritualität angesehen werden. Um innere spirituelle Konflikte (z.B. beim Hinterfragen schädigender Aspekte) möglichst gut handhaben zu können, ist ein*e offizielle*r Vertreter*in der spirituellen Ausrichtung des Kindes (der eine resilienzfördernde Spiritualität vertritt) von unschätzbarem Wert.

Gerade wenn Spiritualität auf Druck oder Angst wurzelt (wie z.B. das Konzept von überwiegend strafenden Mächten, die befriedigt werden müssen), kann es enorm befreiend sein, von

---

9 Diese also z.B. mögen, als kompetent betrachten und ihnen positive Motivationen unterstellen. Mehr zum Thema »Positive Autorität« finden Sie bei Baierl 2016.

einer Autorität des eigenen Glaubens eine alternative Wirklichkeit angeboten zu bekommen. Mögliche Anlaufstellen werden in Kapitel 3.3 benannt.

3.6.7 Traumatisierung in spirituellen Kontexten

»Gesunde« Spiritualität ist einer der größten Resilienzfaktoren zur Verarbeitung furchtbarer Erlebnisse (→ Kapitel 2). Umso tiefgreifender wirken oft traumatische Erfahrungen in einem spirituellen Kontext. Neben den bekannten Methoden der Traumapädagogik (z. B. Baierl 2016) sind dann oft Hilfen zum Aufbau einer neuen resilienzfördernden Spiritualität angesagt. Zudem ist oft geboten, das traumatische Geschehen vom spirituellen Kontext zu entkoppeln. Dies beinhaltet, mit dem Kind zu erarbeiten, dass keine spirituelle Richtung das Recht hat, Gewalt auszuüben und dass diese von so gut wie allen spirituellen Richtungen abgelehnt wird. Ist ein*e Jugendliche*r in einer spirituellen Richtung verwurzelt, innerhalb derer traumatische Erfahrungen gemacht wurden (z. B. christlich und Missbrauch durch eine*n kirchliche*n Amtsträger*in), kann es sinnvoll sein, Kontakt zu Menschen dieser Gruppierung herzustellen, welche das Geschehene als falsch verurteilen, die Verantwortlichkeit klar dem Missbrauchthabenden (vgl. ausführlich Baierl 2017) zuschreiben und Wege aufzeigen, die eigene Spiritualität zukünftig als Resilienzfaktor erleben zu können. Natürlich geht dies nur dann, wenn der*die Jugendliche dies wünscht. Kontakt zu Menschen oder Gruppierungen, welche versuchen, das traumatische Geschehen im spirituellen Kontext zu rechtfertigen, schönzureden oder zu leugnen, sind dagegen schädlich.

3.6.8 Spiritualität von Mitarbeitenden als Risikofaktor

Leben Mitarbeiter*innen in spirituellen Wirklichkeiten, die Risikofaktoren darstellen, gilt es, zu überprüfen, ob diese sauber zwischen ihrer persönlichen Spiritualität und der professionellen Rolle sowie den damit verbundenen Aufträgen unterscheiden können. Werden z. B. gleichgeschlechtliche Beziehungen abgewertet, die Gleichberechtigung von Jungen und Mädchen infrage gestellt, alleinige Wahrheitsansprüche vertreten oder ein überwiegend drohendes Bild höherer Mächte propagiert, darf dies nicht innerhalb der Kinder- und

Jugendhilfe geschehen. Verhalten sich Kolleg*innen aus spirituellen Gründen potenziell oder nachgewiesener Maßen gefährdend für bzw. gegenüber Kindern und Jugendlichen, sollten dieselben Mechanismen greifen wie bei allen anderen gefährdenden Aspekten auch.

3.7 Leitlinien für den pädagogischen Umgang mit Spiritualität

In »Herausforderung Alltag. Praxishandbuch für die pädagogisch Arbeit mit psychisch gestörten Jugendlichen« (Baierl 2017) finden Sie eine ausführliche Diskussion zu Werten und Haltung in der Jugendhilfe. Diese bilden auch den Rahmen für alle hier vorgestellten Interventionen. Spiritualitätsspezifisch lassen sich aus Sperry (2012), Barnett und Johnson (2011), Sue, Arredondo und Mc Davis (1992) sowie den Empfehlungen der DGPPN (2016) unter Berücksichtigung spezifisch pädagogischer Gegebenheiten (Baierl 2017) die folgenden Empfehlungen für die pädagogische Arbeit ableiten:

1. Anerkenne Spiritualität als (mögliche) Ressource. Auch dann, wenn du antireligiös oder einer anderen Weltanschauung verpflichtet bist. Erkenne und fördere die Auseinandersetzung mit existenziellen Fragen.
2. Mache dir deine eigenen Werte und dein eigenes Weltbild bewusst. Beachte, dass dies deine Wirklichkeit ist, die deine Reaktionen auf die Werte und Weltbilder deiner Betreuten beeinflusst.
3. Dränge niemandem deine Weltsicht bzw. Spiritualität auf.
4. Achte und respektiere Spiritualität als einen wichtigen kulturellen Faktor. Beachte dabei, dass Spiritualität mit anderen kulturellen Faktoren zusammenhängt (z. B. ethnische Zugehörigkeit, Geschlecht, Schichtzugehörigkeit, Alter).
5. Mache dich mit den verschiedenen spirituellen und religiösen Traditionen und Wirklichkeiten der von dir betreuten Kinder und Jugendlichen sowie deren Familien vertraut.
6. Kläre ab, inwieweit deren spirituelle Überzeugungen, Einbindungen und/oder Verpflichtungen bei der Erreichung von vereinbarten Zielen bzw. der Lösung von aktuellen Problemen eine Rolle spielen (spielen können, spielen müssen).

7. Wähle (spirituelle) Interventionen so, dass sie bezüglich der spirituellen Wirklichkeiten des jungen Menschen sinnhaft sind.
8. Überprüfe dabei respektvoll, welche resilienz- und risikofördernden Aspekte die spirituellen Wirklichkeiten des von dir betreuten jungen Menschen beinhalten.
9. Unterstütze das Kind/den*die Jugendliche*n dabei, resilienzfördernde Aspekte der eigenen Spiritualität weiterzuentwickeln und risikofördernde Aspekte zu verändern.
10. Akzeptiere keine spirituelle Überzeugung, die Fremd- oder Selbstgefährdung beinhaltet, Gewalt rechtfertigt bzw. die Rechte anderer missachtet.
11. Besprich dies offen und verständlich mit den Kindern und Jugendlichen und ggf. deren Familien.
12. Achte auf Gegenübertragungsprozesse bezüglich der Spiritualität des Kindes.
13. Überprüfe deine interkulturelle und interspirituelle Kompetenz in Bezug auf dieses Kind, diese*n Jugendliche*n (und dessen Familie).
14. Zieh im Zweifelsfall Expert*innen hinzu, die sich mit der spirituellen Kultur der von dir Betreuten auskennen (z. B. Priester*innen, Imam*innen, Rabbiner*innen, Brahman*innen, Schaman*innen, Religionspädagog*innen etc.).
15. Füge vor diesem Hintergrund spirituelle Interventionen in die gemeinsame Hilfeplanung und die Alltagsgestaltung ein.
16. Entwickle deine Kompetenz im Umgang mit unterschiedlichen Spiritualitäten bzw. mit Menschen unterschiedlicher spiritueller Überzeugungen beständig weiter.

3.8 Auf einen Blick

Spiritualität sollte selbstverständlicher Teil der Kinder- und Jugendhilfe sein. So, wie alle anderen Resilienz- oder Risikofaktoren auch.

Orientieren Sie sich an der Spiritualität der Betreuten und berücksichtigen Sie die eigene Spiritualität.

Unterscheiden Sie zwischen Wahrheit und Wirklichkeit.

Erlebnispädagogik eignet sich gut als Rahmen für spirituelle Interventionen.

Stellt Spiritualität einen Risikofaktor dar, ist damit umzugehen wie mit allen anderen Risikofaktoren auch: verringern und/oder einen besseren Umgang damit finden.

Es gibt aus verschiedenen Kontexten Leitlinien für den erzieherischen Umgang mit Spiritualität, die sich weitgehend decken. Eine Zusammenstellung finden Sie im Kapitel 3.7.

4 Die eigene Spiritualität erforschen – Werkzeuge für Mitarbeiter*innen wie Betreute

»Wir brauchen Mitarbeiter*innen unterschiedlicher Religionen, weil wir Betreute unterschiedlicher Religionen haben.«
R. L. (Leitung einer großen kirchlichen stationären Jugendhilfeeinrichtung)

Um junge Menschen in ihrer Spiritualität unterstützen zu können, ist es notwendig, sich für diese zu interessieren. Die Erfahrung zeigt, dass die meisten Kinder und Jugendlichen gerne und ausführlich über diese Themen reden, sofern ein*e Mitarbeiter*in mit echtem Interesse Gesprächsangebote macht oder Fragen zu diesen Themen stellt. Gelegenheiten gibt es dafür genug, z. B.:
- in der Eingangsdiagnostik als Gespräch und/oder Fragebogen
- in Bezugserzieher*innenzeiten, die dafür geblockt sind
- bei langen Autofahrten
- zu Anlässen, die existenzielle Themen betreffen
- während des Tischtennisspiels
- beim gemeinsamen Zimmer aufräumen
- nachts, wenn Jugendliche aus welchen Gründen auch immer zur Fachkraft kommen
- Spaziergänge/Fußwege zum Einkaufen oder anderen Zielen
- Gruppengespräche zum Thema
- Gesprächseinstieg über Bücher und Filme, welche die Kinder/Jugendlichen sowieso lesen oder die extra dafür ausgewählt werden
- am Lagerfeuer
- …

Mit etwas Feingefühl werden Sie schnell herausfinden, welches Kind sich zu welchen Themen in welchem Setting am wohlsten fühlt. Wenn Sie Spiritualität so selbstverständlich wie jedes andere wichtige Thema behandeln, werden sich viele Fragen und Antworten im Alltag von selbst ergeben. Parallel lohnt es sich, mit guter

Beobachtung und Sensibilität darauf zu achten, ob und falls ja, in welcher Weise spirituelle Themen im Alltag des Jugendlichen wahrnehmbar werden. Dies kann z. B. das Empfinden tiefer Verbundenheit in der Fankurve sein; ein Gegenstand, der dem Kind »heilig« ist; Erfahrungen in kirchlichen Kontexten oder die Bewältigungsstrategien schwerer Erlebnisse.

Andererseits ist das Thema Spiritualität so zentral, dass das systematische Erfassen spiritueller Bedürfnisse bei Aufnahme und/ oder bei »passenden« Entwicklungen im Verlauf zu empfehlen ist. Peseschkian (Kaiser, Peseschkian 2016) betont, dass wir nicht wissen können, welche Rolle Spiritualität für eine*n Betreute*n spielt, und ob diese eher ein Resilienz- oder Risikofaktor ist. Deshalb sei eine »weltanschauliche« Anamnese bzw. Diagnostik notwendig, die je nach Klient auch viel Zeit benötigen darf. Hierfür gibt es unter »Spirituelle Anamnese« vielzählige Bücher, Fragebögen und Internetseiten. Viele davon stammen aus der Medizin, der Pflege und/ oder dem Erwachsenenbereich. Dennoch lassen sich die dort vorgestellten Fragen problemlos für Kinder/Jugendliche umformulieren. Im Folgenden finden Sie einige Verfahren und Fragen, die sich in unterschiedlichen Kontexten bewährt haben.

4.1 Spirituelle Diagnostik

Um spirituelle Aspekte in der Eingangs-, Verlaufs- und Entlassdiagnostik berücksichtigen zu können, sind die Fragebögen HOPE und SPIR zwei wertvolle Werkzeuge. Beide können in der ursprünglichen Fassung als Fragebogen oder angeleitetes Interview genutzt werden. Es hat sich jedoch bewährt, die Fragen der jeweiligen Situation und dem Kind anzupassen.

4.1.1 HOPE

Im HOPE-Fragebogen werden einige für Spiritualität wichtige Aspekte abgefragt (vgl. Anandarajah, Hight 2001). »HOPE« steht für: Hoffnung – Organisierte Religion – Persönliche Spiritualität – Effekt auf des Leben. Übertragen auf die Jugendhilfe können die Fragen etwa so lauten:

H: Wer oder was gibt dir Hoffnung/macht dich stark/hilft dir, mit dir und der Welt in Frieden zu sein/lässt dich zuversichtlich auf deine Zukunft schauen?
O: Bist du Mitglied in einer religiösen/spirituellen Gemeinschaft? Bist du da gerne? Ist diese für dich hilfreich? Was bedeutet sie dir? Was gefällt dir daran, was gefällt dir daran nicht?
P: Welchen Teil deiner spirituellen Überzeugungen/deines Glaubens findest du selbst besonders hilfreich und sinngebend? Welchen belastend? Gibt es etwas worüber du dir ganz sicher bist? Gibt es andere Sachen, an denen du zweifelst?
E: Wie beeinflusst deine spirituelle Überzeugung/Dein Glaube (bzw. »das alles«) unsere Zusammenarbeit? Was erwartest du deswegen von uns? (Wie) sollen wir darauf eingehen? Was davon ist dir für den Gruppenalltag wichtig? Ist irgendetwas davon für die Hilfeplanziele bedeutsam?

4.1.2 SPIR

SPIR von Frick et al. (2006) legt ganz ähnliche Schwerpunkte.[10] SPIR steht für Spirituelle und Glaubensüberzeugungen – Platz und Einfluss dieser Überzeugungen im Leben des Betreuten – Integration in eine spirituelle/religiöse Gemeinschaft – Rolle der Mitarbeiter*innen. Auf die Jugendhilfe übertragen, ergeben sich in etwa folgende Fragen:
S: Würdest du dich als einen irgendwie religiösen/gläubigen/spirituellen Menschen ansehen? Gibt es jemanden oder etwas, das dir Hoffnung gibt? Gibt es irgendwas oder irgendwen, der dir Kraft gibt? Gibt es irgendwas, von dem du sagst, das gibt meinem Leben Sinn bzw. das ist der Sinn des Lebens? Gibt es Überzeugungen (spirituell, religiös), die dir wichtig sind? Denkst du, es gibt eine höhere Macht, ein oder mehrere höhere Wesen, wie z. B. Engel, Feen, Gott, oder was ganz anderes? (Falls ja:) Was bedeuten diese dir?

---

10 Unter http://www.klinikum.uni-muenchen.de/Klinik-und-Poliklinik-fuer-Palliativmedizin/download/de/professur-fuer-spiritual-Care/infos-links-downloads/handreichungen/spir.pdf (Zugriff am 23.04.2020) steht SPIR zum kostenlosen Download zur Verfügung.

P: Ist das, worüber wir gerade gesprochen haben, irgendwie wichtig für Dein Leben/die Situation jetzt/dafür, wie wir miteinander umgehen? Welchen Einfluss haben diese Überzeugungen, wie du über dich denkst? Sind sie wichtig für die Gründe aus denen du hier bist/die Ziele, für die du hier bist? Sind diese Überzeugungen dafür wichtig, wie du mit Freund*innen/Mitbewohner*innen hier/deiner Familie/den Mitarbeiter*innen umgehst? Haben Sie eine Bedeutung für Schule/Ausbildung? Wie wichtig sind diese Überzeugungen dabei, dass du hier zufrieden wieder rauskommst?

I: Bist du in irgendeiner Religion/Gemeinde/spiritueller Gruppe? Findest du die gut? Ist die dir wichtig? Was ist gut daran, was gefällt dir weniger, was gar nicht? Gibt es jemanden (oder mehrere Menschen) in dieser Gruppe, der*die dir wirklich wichtig ist/sind/den du gerne hast/auf den du besonders hörst?

R: Wie soll ich als Dein*e Erzieher*in/sollen wir als Team mit all dem, was du gerade erzählt hast, umgehen? Was wünscht du dir von uns? Was sollten wir keinesfalls tun? Hast du irgendjemanden, mit dem es dir besonders wichtig ist, über solche Themen zu sprechen? Wie möchtest du mit diesem Menschen in Kontakt bleiben? Soll diese Person auch irgendwie mit uns in Kontakt sein? Ist es so, wie wir gerade über das Thema reden, gut für dich oder würdest du dir was anders wünschen? Gibt es sonst noch was zu diesem Thema, das dir wichtig ist?

4.1.3 Hilfreiche Fragen zur Erforschung spiritueller Wirklichkeiten

HOPE und SPIR machen deutlich, dass nicht alle Fragen für jeden jungen Menschen angemessen oder hilfreich sind. Die Darstellung hier soll Ihnen Anregung sein, diejenigen Fragen zu stellen, die den von Ihnen betreuten Kindern und Jugendlichen entsprechen. Die folgenden Fragen haben sich zudem in vielen Kontexten als hilfreich bewährt. Manche sind sehr weitgreifend. Sie sind vor allem für Kinder/Jugendliche mit expliziten spirituellen Vorstellungen hilfreich. Andere erfordern schon ein gutes Maß an Vertrautheit mit dem*der Fragesteller*in. Anderseits können solche Fragen auch bisher nicht bewusste Dynamiken bewusst machen und den Kin-

dern/Jugendlichen die Chance geben, etwas auszusprechen, für das sie bisher keine Sprache (oder keine*n Ansprechpartner*in) hatten.
- Glaubst du, dass das Leben einen Sinn hat bzw. haben sollte?
  - Woher hast du diese Überzeugung?
  - Wie erlebst du diese Überzeugung im Alltag als bestätigt? Was stellt sie infrage?
  - (Falls das Kind/der Jugendliche einen Sinn sieht) Welcher ist dies?
  - Was kannst du tun, um diesen Sinn zu erfüllen? Können wir dich dabei unterstützen? Würdest du das überhaupt wollen?
  - Was tust du tatsächlich, um diesen Sinn zu erfüllen?
  - Was hindert oder hilft dir dabei, diesen Sinn zu erfüllen?
- Glaubst du an eine höhere Macht?
- Falls ja, wie ist diese gestaltet?
  - Gott, Universum, Schicksal, Bestimmung, Göttin, persönlich abstrakt (dies je nach Kind entsprechend formulieren)?
- Ist diese Macht dir wohlgesonnen/meint sie es gut mit dir?
  - Woran machst du dies fest? Wo spürst du dies im Alltag?
- Ist diese Macht für dich gefährlich? Musst du aufpassen, das richtige zu tun? Hast du Angst, von dieser Macht bestraft zu werden? Musst du etwas tun, damit diese Macht dich lieb hat?
- Kann diese Macht etwas in deinem Leben bewirken?
  - Wie?
  - Kannst du etwas dazu beitragen, dass diese Macht in Dein Leben eingreift? Was?
- Hast du das, was du gerade erzählt hast, schon immer so gesehen? Was war früher anders? Was ist geschehen, dass du deine Meinung geändert hast?
- Was sagen deine Eltern (oder andere wichtige Bezugspersonen) dazu, dass du so denkst/dass dies dir wichtig ist? Gibt es (sonst noch) jemanden, der dich dabei unterstützt oder der das nicht so gut findet?
- Ist das, was wir gerade besprochen haben, wichtig für Dein Sein bei uns? Wie wirkt es sich darauf aus? Wie meinst du, sollen wir damit umgehen? Was wünschst du dir diesbezüglich von uns?

4.2 Spiritualität von Mitarbeiter*innen

In Kapitel 3 wird ausgeführt, weswegen es für Mitarbeiter*innen wichtig ist, sich auch der eigene spirituellen Überzeugungen bewusst zu werden. Hier kurz zur Wiederholung:
- Spiritualität schafft Werte und prägt Wirklichkeiten.
- Die eigene spirituelle Wirklichkeit wird oft als Wahrheit missgedeutet.
- Die eigene spirituelle Weltsicht ist privat, prägt aber unser Wahrnehmen, Denken und Handeln. Dadurch hat sie entscheidenden Einfluss darauf, wie wir unsere professionelle Rolle einnehmen. Je bewusster wir uns der eigenen Spiritualität sind, desto besser können wir entscheiden, wie dies unsere Arbeit mitbestimmen soll.
- Die Herausforderung ist, sich an der spirituellen Wirklichkeit der jungen Menschen zu orientieren und die eigene zu berücksichtigen.
- Das Einlassen auf fremde Spiritualitäten kann herausfordernd sein und auf Abwehr stoßen. Je sicherer man der eigenen Spiritualität ist, desto weniger muss man andere spirituelle Wirklichkeiten ablehnen.

Und noch eine Dynamik mehr: Wer selbst keinen Wert auf Hygiene legt oder die eigenen Grenzen nur schwer wahren kann, wird dies kaum Kindern oder Jugendlichen beibringen können. Ähnlich ist es, falls Sie sich überhaupt nicht mit Spiritualität auseinandersetzen (wollen). Unabhängig davon, ob Sie z. B. einen Sinn des Lebens sehen und worin dieser besteht, sollten Sie offen für die Auseinandersetzung darüber sein.

4.2.1 Fragen für Mitarbeiter*innen

Die unter Kapitel 4.1 benannten Fragen sind natürlich auch für die Erforschung der eigenen Spiritualität hilfreich, bedürfen jedoch in einigen Aspekten einer Anpassung, z. B. durch die Fragen:
- Inwieweit spielen diese Überzeugungen eine Rolle für meine Arbeit hier, den Umgang mit Betreuten, deren Familien, Kolleg*innen – und mit mir selbst. Bin ich mit dieser Rolle zufrieden?
- Wie passen meine Überzeugungen zu den Aufgaben, für die ich angestellt bin und zu den Zielen, die ich hier erarbeiten soll?

- Kann ich das, was mir wichtig ist, bei meiner Arbeit Leben?
- Inwieweit sind mir meine spirituellen Überzeugungen bei der Arbeit hilfreich/hinderlich? Helfen sie mir, den spirituellen Bedürfnissen der Kinder/Jugendlichen gerecht zu werden?
- Will ich mit den Betreuten über meine eigenen spirituellen Überzeugungen sprechen? Falls ja, was will ich damit erreichen und auf welche Art könnte dies gelingen? Falls nein, in welcher Weise will und kann ich die jungen Menschen dann in deren Spiritualitätsentwicklung unterstützen?
- Habe ich den Drang, die Kinder/Jugendlichen von meiner Sicht dieser Dinge zu überzeugen?
- Gehöre ich zu einer Gruppe, für die es wichtig ist, dass ich andere von unseren spirituellen Ansichten überzeuge/dass ich Mitglieder anwerbe/dass ich missioniere? Falls ja, wie gehe ich damit um, dass es zu meinem Arbeitsauftrag gehört, die Spiritualität der Kinder/Jugendlichen ernst zu nehmen und diese zu fördern?
- Welchen Stellenwert sollen diese Überzeugungen auf meiner Arbeit haben? Wie sollen sich diese Überzeugungen in meiner Arbeit ausdrücken? Habe ich dafür den Raum? Was bräuchte es, damit ich diesen Raum habe?
- Wie gehe ich damit um, dass Kolleg*innen/Vorgesetzten anderes wichtig ist/diese an anderes glauben/diese zu einer anderen Religion/spirituellen Gruppe gehören?

4.2.2 Der Spirituelle Lebenslauf – ein Werkzeug nicht nur für Mitarbeiter*innen

In Weiterbildungskontexten mache ich immer wieder gute Erfahrungen mit dem »Spirituellen Lebenslauf«. Dafür erhalten alle Teilnehmenden Karteikärtchen und einen Stift. Danach machen alle gemeinsam einen Spaziergang mit mehreren Stationen. An jeder Station werden die folgenden (oder ähnliche) Fragen vorgelesen. Danach gehen alle schweigend (!) weiter und haben den Auftrag, sich mit den vorgelesenen Fragen zu beschäftigen. Niemand muss alle Fragen beantworten und niemand muss danach über die gefundenen Antworten reden. An der nächsten Station erhalten alle die Möglichkeit, ihre Gedanken dazu stichwortartig aufzuschreiben. Danach wird gefragt, ob sich irgendjemand dazu äußern möchte.

Dabei wird betont, dass es keine Erwartung gibt, dass jemand sich äußern muss, dass aber alle die Gelegenheit dazu bekommen sollen. Danach werden die nächsten Fragen vorgelesen und alle gehen schweigend weiter. Der Gang endet mit einem Abschlussgespräch darüber, wie es den Teilnehmenden dabei ergangen ist, uns ob (und falls ja, welche) Erkenntnisse daraus entstanden sind. Für Menschen mit weniger schönen Lebensgeschichten können vor allem die Fragen der ersten beiden Stationen sehr herausfordernd sein. Es kann hilfreich sein, dies vorher anzukündigen und zu betonen, dass jede*r nur die Fragen bewegen soll, die sie oder er momentan für hilfreich hält.

Erinnerungen an die frühe Kindheit
- Welche Erinnerungen tauchen auf?
- Gibt es Fotos aus dieser Zeit?
- Wer ist darauf zu sehen
- Wen kennst du noch? Mit wem hast du bis heute Kontakt?
- Welche Situationen sind fotografiert?

Erinnerungen an die Schulzeit
- In welche Schule bist du gegangen?
- Wer waren deine Mitschüler*innen/deine Lehrer*innen?
- Hattest du Freunde?
- Was hast du nach der Schule getan?
- Hattest du damals spirituelle Erfahrungen bzw. hast an eine höhere Macht geglaubt?
- Woran erinnerst du dich gerne?
- Welche Erinnerungen sind unangenehm?
- Was hast du in den Pausen gemacht?
- Wer hat dich besonders beeindruckt?

Erinnerungen an Vorbilder
- Gab es Menschen, die dich besonders geprägt haben?
- Im positiven wie im negativen Sinn?
- Wer hat dich beeindruckt?
- Wessen Aussagen begleiten dich bis heute?
- Hattest du Vorbilder?

Spirituelle Lehrer*innen
- Gab oder gibt es Menschen, deren Spiritualität dich beeindruckt hat?
- Gibt es eine Person, die dir in ihrer Art, ihre Spiritualität zu leben, Vorbild ist oder war?
- Falls nein, wie müsste so eine Person sein, welche Art von Spiritualität hätte diese, wie würde sie diese leben?

Eigene Spiritualität
- Glaubst du an irgendeine höhere Macht?
  - Falls Nein, wünscht du dir eine solche und falls ja, wie müsste sie beschaffen sein?
  - Falls du an eine höhere Macht glaubst:
    - Wie ist diese beschaffen?
    - Erfährst du diese Macht in deinem Leben?
    - Wie beeinflusst dies Dein Leben?
    - Ist dies so, wie du es wünscht oder hättest du es lieber anders?
  - Falls Nein?
    - Vermisst du dies oder ist das genau richtig?
    - Glaubst du an etwas anderes?
    - Was stiftet für dich Sinn?
- Gehörst du zu einer spirituellen Gemeinschaft?
  - Falls ja, wie gut passt diese zu deinen Erfahrungen? Ist diese bereichernd oder eher schwirig?
- Wie drückt sich deine Spiritualität im Alltag aus?

Natürlich können Sie diese (oder ähnliche) Fragen auch in einem ganz anderem Rahmen für sich oder im Team bearbeiten. Teams, die sich mit diesen Fragen beschäftigt – und (sofern sie dies wollten) darüber ausgetauscht hatten – haben sich in der Folge meist verbundener gefühlt und oft Aspekte voneinander erfahren, die bisher nie ausgesprochen wurden. Ein Team, das sich mit spirituellen Fragestellungen auseinandergesetzt hat und die jeweiligen Positionen der Kolleg*innen kennt, hat es in der Regel einfacher, den Kindern/Jugendlichen auch diesbezüglich gemeinsam gute Unterstützung zu bieten.

Für Kinder und die meisten Jugendlichen wäre so ein Spaziergang am Stück eine Überforderung. Die dort gestellten Fragen können jedoch – im richtigen Kontext besprochen – auch für Betreute wertvolle Anstöße geben.

4.3 Auf einen Blick

Sicherheit bezüglich der eigene spirituellen Wirklichkeit erlaubt den respektvollen Umgang mit den spirituellen Wirklichkeiten der Betreuten.

Seien Sie neugierig auf die spirituelle Wirklichkeit der Kinder- und Jugendlichen!

Erforschen Sie die spirituelle Wirklichkeit der Kinder und Jugendlichen!

Nehmen Sie die spirituelle Wirklichkeit der Kinder und Jugendlichen als deren Wirklichkeit ernst und richten Sie spirituelle Interventionen so aus, dass sie innerhalb dieser Wirklichkeit sinnvoll sind!

Spiritualität sollte selbstverständlicher Teil jeder Anamnese und Verlaufsdiagnostik sein.

HOPE und SPIR sind zwei gut dafür geeignete Werkzeuge.

5 Rituale in der Kinder- und Jugendhilfe – Definitionen und Wirkweisen

>»Rituale erschaffen eine Wirklichkeit,
>die eine neue Wirklichkeit erschafft.«
>(Martin Baierl)

In diesem Kapitel erfahren Sie, weswegen Rituale in der Kinder- und Jugendhilfe wichtig sind, was hier unter »Ritual« verstanden wird, wozu Rituale genutzt werden können und auf welchen Ebenen Rituale wirken.

5.1 Wieso Rituale?

Wie der erste Teil dieses Buches zeigt, ist davon auszugehen, dass alle Kinder und Jugendlichen spirituelle Erfahrungen machen – und zwar unabhängig davon, ob sie einer speziellen Religion oder spirituellen Richtung angehören. Daher gehört es zu den Aufgaben der Kinder- und Jugendhilfe, sie dabei zu unterstützen (vgl. insbesondere Kapitel 1.1/2.1/3.1.5).

Jugendliche bestimmen ihre Spiritualität vor allem über mystische Erfahrungen (Streib 2017). Rituale sind ein bewährtes Mittel, gemeinsam mit den jungen Menschen Erfahrungsräume zu erschaffen, in denen mystische und andere spirituelle Erfahrungen wahrscheinlich sind. Rituale eigenen sich auch deswegen so gut für diese Aufgabe, weil sie so vielfältige Wirkweisen und Erklärungsebenen (→ Kapitel 5.5) beinhalten. Dadurch können Menschen (ob Mitarbeitende oder Betreute) sehr unterschiedlicher (nicht-)spiritueller Wirklichkeiten gemeinsam spirituelle Erfahrungen machen.

In der Kinder- und Jugendhilfe sollten Rituale so ausgewählt bzw. erschaffen werden, dass sie mit hoher Wahrscheinlichkeit Erfahrungen und Werte transportieren, die der gemeinsamen Hilfeplanung entsprechen.[11] Sie sind dann ein besonders wirksames Mittel zur Erreichung der dort vereinbarten Ziele. Wichtig ist die Orientierung an gemeinsamen Vereinbarungen auch deshalb, weil durch spirituelle Erfahrungen auch Richtungen befeuert werden könnten, die vom*von der Jugendlichen nicht gewünscht sind. Die Grenze zwischen Unterstützung (z. B. sich an vorgegebene Werte unserer Gesellschaft halten können, um sich reintegrieren zu können) und Manipulation (Erziehungsperson schiebt Jugendlichen eigene Wertvorstellungen im rituellen »trojanischen« Pferd unter) ist dünn. Daher ist es notwendig, sich an den gemeinsam vereinbarten Zielen sowie spirituellen Bedürfnissen des Kindes oder Jugendlichen zu orientieren. Dies erfordert Offenheit und echtes Interesse an den spirituellen Wirklichkeiten der Betreuten sowie Bewusstheit und Achtsamkeit gegenüber dem eigenen spirituellem Weltbild (→ Kapitel 4).

5.2 Vier Ritualtypen

Mit »Ritual« wird in der Kinder- und Jugendhilfe meist eines der vier folgenden Ritualtypen benannt:
1. Rituale als Vorgänge, die sich in immer gleichbleibender Weise wiederholen, wie etwa ein Weck- oder Zu-Bett-Geh-Ritual. Dabei handelt es sich eigentlich um Routinen. Sie werden oft unbewusst durchgeführt und werden meist nicht mit einem tieferen Sinn verbunden. Der Wert solcher Routinen ist allgemein anerkannt und ihre Anwendung wird andernorts vielfach beschrieben (z. B. Gräßer, Hovermann 2015).
2. Beständig wiederholte Handlungen, ohne unmittelbar erkennbare Bedeutung oder Wirkung, z. B. als Symptomatik bei Autismus oder Intelligenzminderungen.
3. Psychotherapeutische Rituale: Vorgegebene feste Verhaltensweisen, die dem Kind, Jugendlichen oder dessen Familie im therapeutischen Prozess verordnet werden (z. B. Imber-Black, Whitning 2015 oder Brentrup, Kupitz 2015).

---

11 Ich setze hier voraus, dass die Hilfeplanung tatsächlich gemeinsam geschieht und die vereinbarten Ziele, die Individualität sowie das Wollen der Betreuten angemessen beachtet werden.

4. Rituale als spezielle, bewusste und absichtliche Handlungen, die durchgeführt werden, um eine bestimmte Wirkung zu erzielen. Das Handeln ist sinnhaft und beinhaltet eine tiefere Bedeutungsebene, bzw. weist auf eine solche hin. Die Rituale stellen besondere Handlungen dar, die sich vom alltäglichen Tun abheben. Sie finden innerhalb und außerhalb explizit religiöser bzw. spiritueller Rahmensetzungen statt. Viele solcher Rituale verlaufen immer wieder gleich, nach vorgegebenen Regeln.

Wenn im Folgenden von »Ritualen« gesprochen wird, ist der vierte Ritualtyp damit gemeint.

Gut angeleitete Rituale schaffen Erlebnisräume, in denen viele Wahrnehmungs-, Verarbeitungs- und Verhaltensweisen gemeinsam wirken. Sie betreffen den Verstand, den Körper und die Sinne. Levine (2011) benennt die Kombination von Körperempfindungen, Bildern (inneren wie äußeren), Verhaltensweisen, Gefühlen und Bedeutungsgebung als zentrale Bausteine solcher Prozesse.

»Dabei entstehen Stimmungen und Atmosphären, die zur Erfahrung beitragen, die dann als sinnhaft und bedeutungsvoll erlebt werden können. Rituale erzeugen eine sinnhafte, sinnenfällige Wirklichkeit indem sich Körperliches und Sinnliches mit Bedeutung verbindet.« (Baatz 2017, S. 119)

Dies spricht somit gleich mehrere Wirkebenen an: die Atmosphäre, die sinnlich-körperliche Erfahrungen, das Erleben von Sinn sowie die sich daraus entwickelnde neue Wirklichkeit.
Systemisch gesehen wird in gelungenen Ritualen also eine Wirklichkeit erschaffen, die so stark wirkt, dass zukünftige Wirklichkeitskonstruktionen davon mitgeprägt werden.

Selbst einzelne Rituale haben das Potenzial, ein Leben komplett zu verändern. Beispiele dafür sind: das Erleben, durch ein Ritual von schwerer Schuld befreit zu werden; ein unhaltbares Versprechen einem Sterbenden gegenüber gelöst zu bekommen oder auch die rituelle Beendigung einer Ehe/Partnerschaft.

5.3 Exkurs: Ritualgeschichte und Ritualforschung

Rituelle Handlungen gibt es seit tausenden von Jahren. Sie entstammen ursprünglich einem Welterleben, in dem Spiritualität ein selbstverständlicher Teil des Lebens ist. Alles ist durchdrungen vom Wirken von Spirits/höheren Mächten/Energien etc. Rituale waren ursprünglich bewusste Handlungen, um über den Kontakt zu und das Zusammenwirken mit diesen Kräften Veränderungen zu bewirken. Dieses Ritualverständnis gilt heute noch in schamanisch geprägten Kulturen und Kontexten. Es spiegelt sich auch in den Ritualen vieler Religionen wider, z. B. den katholischen Sakramenten oder dem Drehen von Gebetsmühlen im tibetischen Buddhismus.

Mit der Epoche der Aufklärung erstarkten die Naturwissenschaften, die sich auf das Beobachtbare konzentrierten (→ Kapitel 1.1). Dadurch geschah zweierlei:
1. Da Götter, Energien und ähnliches nicht beobachtbar waren, wurde definiert, dass es diese nicht gebe. Durch diese Definition konnte nicht (mehr) untersucht werden, wie bei Ritualen Menschen und diese Kräfte/Wesen zusammenwirken. Rituale wurden rein als von außen beobachtbare Verhaltensweisen und Rahmensetzungen beschrieben. Für viele solcher Rituale gibt es einen vorgeschriebenen »Ritus«, also eine festgelegte Reihenfolge bestimmter Handlungen und Worte unter Benutzung vorgeschriebener Orte und/oder Gegenstände. Die unsachgemäße Gleichsetzung von »Ritus« und »Ritual« führte zur Definition von Ritualen als bloße, sich wiederholende gleichbleibende Handlungen.
2. Da es Gott, Spirits, Energien per Definition nicht gibt, die Ritualbetreibenden dies aber behaupten, seien deren Handlungen irrational.
   Dies führte zur Definition von Ritualen als irrationale bzw. sinnlose Handlungen. Ob autistische Verhaltensweisen oder ein Regentanz – da beides als irrational angesehen wurde, bekam es die Bezeichnung »Ritual« (vgl. Sax, Quack, Weinhold 2010).

Der Begriff »Ritual« wird also in sehr unterschiedlichen Bedeutungen genutzt. Falls Sie sich intensiver mit Ritualtheorien und Forschungsergebnissen zu Ritualen beschäftigen wollen, bedenken Sie bitte, dass die Forschenden fast immer eine Außenposition gegenüber dem Forschungsgegenstand einnehmen. Dadurch entsteht eine Trennung zwischen den Menschen, die Rituale durchführen und diese als Teil ihrer Wirklichkeit und Sinngebung verstehen und Menschen, die Rituale erforschen. Sax et al. (2010) stellen infrage, ob es überhaupt sinnvoll ist, »Rituale« als einen Überbegriff für verschiedene Verhaltensweisen in unterschiedlichen Kulturen zu benennen, da viele der Ausführenden das eigene Tun nicht als »Ritual« bezeichnen, sondern z. B. als »Tanzen«, »Heilen« oder schlichtweg »Arbeit« –, und jedes davon als eigenständiges sinnvolles von den anderen Handlungen abgrenzbares Tun. Der Begriff »Ritual« wird dann erst von (kulturell westlich/christlich geprägten) Wissenschaftler*innen verwendet (Sax et al. 2010). Als Beispiel nennen sie den nordindischen Begriff »Devakarya«, der wörtlich mit »Arbeit oder Angelegenheit der Götter« übersetzt werden kann. Dort ist »Devakarya« der Begriff, der bedeutungsmäßig unserem Wort »Ritual« am nächsten kommt. Doch wird »Devakarya« völlig anders definiert als »Ritual« (Sax et al. 2010). Es muss zu Missverständnissen kommen, wenn die Sätze »Sie führt ein Ritual durch«, »Sie kümmert sich um göttliche Angelegenheiten« und »Sie erledigt die Arbeit der Götter« alle mit derselben Bedeutung belegt werden, weil ein westlicher Ritualbegriff als Verständnisrahmen gesetzt wird. Im Mongolischen gibt es zudem ein eigenes Verb für das Tun eines Schamanen. Sätze wie »Sie schamante für den Kranken« sind dort selbstverständlich während im Deutschen kein solches Verb existiert, weswegen wir für viele Tätigkeiten von Schamanen das Wort »Ritual« nutzen (vgl. Tschinag 1994). Es ist also notwendig, dass Sie für sich eine Definition von »Ritual« entwickeln, die dem, was Sie tun und erreichen wollen, gerecht wird. Und es ist notwendig, dass Sie dies Kolleg*innen, Betreuten und anderen gegenüber verständlich machen können.

5.4 Wozu Rituale gut sind

Rituale (im Sinne des in Kapitel 5.2 definierten vierten Ritualtyps) erfüllen seit Urzeit und bis heute folgende Funktionen (vgl. Belliger, Krieger 2003; Dücker 2006; Nicholson 2019; Stangl 20219; van

Kampenhout 1996). Wenn Sie Rituale anbieten, sollten Sie sich bewusst sein, welche dieser Funktionen Sie wünschen und welche womöglich bei einem Ritual mitschwingen, ohne dass Sie dies beabsichtigt haben.

- Spirituelle Erfahrungen herbeiführen und/oder strukturieren
- Existenzielle Fragen beantworten und/oder damit umgehen
- Kontakt zu/zur Anderswelt/höherer Wirklichkeit/Spirits/Gott herstellen
- Schaffung und Lenkung von Energien
- Heilung
- Organisation und Kennzeichnung zeitlicher und sozialer Abläufe
  - zyklische Rituale (Jahresfeste, Abendsegen, Morgenritual)
  - Lebenszyklen (Hochzeit, Erwachsenwerden, Tod)
  - Ereignisbezogene Rituale zu »Besonderheiten«
  - Krisen, Hungersnot, Mauerfall, Versöhnung nach Streit, Jahrestage von großen Ereignissen
- Würdigung spezieller Personen (z. B. Geburtstagskind, ein*e Anführer*in, Gewinner*in etc.)
- Erweiterung der eigenen Möglichkeiten/Macht/Selbstermächtigung
- Markierung und Gestaltung von Übergängen (z. B. Erwachsenwerden, Heiraten)
- Krisen bewältigen (z. B. Tod, Naturkatastrophen, Schicksalsschläge)
- Identität schaffen (als Individuum und/oder als Teil einer Gemeinschaft)
- Gemeinschaft erleben, Gruppenzugehörigkeit stärken, Zugehörigkeit zu einer Gemeinschaft herstellen
- Werte vermitteln (z. B. was einer Gruppe heilig ist, wie mit Schuld umgegangen wird)
- Umgang innerhalb einer Gemeinschaft regeln (z. B. Begrüßungsrituale)
- Abgrenzung einer Gemeinschaft von Außenstehenden
- Status der Teilnehmenden innerhalb einer Gruppe und nach außen festlegen
- Gefühle erleben, ausdrücken, ordnen (z. B. Jubel, Trauer, Feindseligkeit)

– Traditionen erschaffen und vermitteln/kulturelles bzw. kollektives Wissen bewahren

Rituale sind besonders geeignete Werkzeuge, wo Übergänge zu bewältigen sind (z. B. Gruppenwechsel), wo starke innere Bewegungen anstehen (z. B. Trauer oder Versöhnung) und wo besondere Anlässe gewürdigt werden sollen (z. B. erster Monat ohne Einnässen/Geburtstag).

Zumindest für die folgenden Gelegenheiten sollten Sie Rituale vorhalten: Geburtstage, Aufnahme (und deren Jahrestage), Entlassung, Jahresfeste, Schulabschlüsse, Versöhnung, besondere Erfolge, Trauer. Ich empfehle Ihnen, zu überprüfen, für welche dieser Anlässe und Themen Sie bereits Rituale an Ihrer Arbeitsstelle nutzen, und ob diese das transportieren, was Sie für wichtig halten bzw. von dem Sie wissen, dass es den Betreuten wichtig ist. So wissen z. B. viele Heimkinder genau Ihren Aufnahmetag, und die Feier der jeweiligen Jahrestage hat (wenn es denn geschieht) für viele eine große Bedeutung. Auf dieser Grundlage lassen sich dann bestehende Rituale verstärken, abändern oder absetzen und neue Rituale entwickeln. Fangen Sie dort an, wo es einfach ist, wo Sie sich z. B. der Unterstützung Ihrer Kolleg*innen sicher sein können, wo Sie bereits eine klare Vorstellung haben, wo es um die Einführung gesellschaftlich akzeptierter Rituale geht oder wo Jugendliche nach Ritualen bzw. spirituellen Themen fragen. Rituale sind vielschichtig und können viele der zuvor genannten Themen gleichzeitig transportieren.

5.5 Rituale wirken auf vielen Ebenen

Rituale sind so vielschichtig und wirken auf so vielen Ebenen, dass sich Mitarbeiter*innen wie Jugendliche jeweils auf diejenige/n Wirkebene/n beziehen können, die dem eigenen Weltbild entspricht. Ebenso einfach ist es, die Wirkung von Ritualen auf einer Ebene zu beschreiben, die in und für die Wirklichkeit eines Jugendlichen bedeutsam ist. Es folgt eine Kurzdarstellung der wichtigsten Wirkebenen.

5.5.1 Symbolische Handlungen bzw. Metaphern

Rituelle Handlungen können als symbolische Handlungen oder Metaphern für das, was geschehen soll, gedeutet werden. Indem ein Prozess symbolisch oder metaphorisch durchgeführt bzw. erlebt wird, werden bewusste und unbewusste Verarbeitungsprozesse angestoßen. Diese tragen dazu bei, dass sich das symbolisch Ausgeführte tatsächlich im Alltag verwirklicht. Diese Wirkebene bewirkt auch einen Teil der Effektivität von Impact-Techniken in Therapie und Pädagogik (Beaulieu 2011). Auch die »So-tun-als-ob«-Interventionen des systemischen Arbeitens und imaginative Verfahren nutzen u. a. diese Wirkebene. So kann z. B. eine symbolische Reinigung dazu führen, dass ein vergewaltigte*r Jugendliche*r sich nicht mehr durch das Erlebnis beschmutzt fühlt, was ich in meiner ca. 20-jährigen Tätigkeit regelmäßig erlebt habe.

5.5.2 Gemeinschaftserleben

Eine Wirkebene ist das intensive Gruppenerleben an sich. Über die geteilten Erinnerungen und die physiologische Angleichung (→ Kapitel 5.5.6), wie sie z. B. auch in der Erlebnispädagogik wirksam sind (→ Kapitel 3.4), wird das Zusammengehörigkeitsgefühl gestärkt.

Ebenso bewirkt gemeinsam gehörte (oder gesungene) Musik eine Angleichung der Gehirnwellen der Gruppe, was sich in einem Verschmelzungsgefühl äußern kann (Stangl 2019). Wer Stadiongesänge, Schlagerfestivals oder andere »mitmach-musikalische« Ereignisse erlebt hat, kennt dies. Van Kampenhout (1996, S. 15) benennt das Knüpfen von Verbindungen als ein Ziel jeden Rituals.

5.5.3 Trance bzw. veränderte Bewusstseinszustände

In Ritualen treten oft spontane oder speziell angestoßene Trancezustände auf. Gregorianische Gesänge, Trommelrhythmen und bestimmte Tanzarten haben z. B. genau dies zum Ziel. Durch die veränderten Bewusstseinszustände sind sowohl andere Regionen als auch andere Erregungsmuster des Gehirns aktiv. Dadurch finden andere Wahrnehmungs-, Verarbeitungs- und Lösungsprozesse statt (vgl. Vaitl 2012). Bezüglich dieser Wirkebene sind Rituale imaginativen Verfahren ähnlich (z. B. Reddemann 2004). Zum einen können Sie also gezielt Rahmenbedingungen schaffen, welche Trancezustände fördern und Sie können imaginative Verfahren innerhalb eines Rituals nutzen, z. B. in Form einer Fantasiereise zu einem Verstorbenen, um sich zu verabschieden.

5.5.4 Selbstwirksamkeit

Rituale können durch alle benannten Ebenen das Gefühl der Selbstwirksamkeit stärken. Ein Beispiel dafür ist die Arbeit mit geflüchteten Jugendlichen. Rituale zum Abschied vom Herkunftsland, zur Verbundenheit mit entfernten oder verstorbenen Familienmitgliedern, symbolische Wiedergutmachungsrituale und ähnliches schaffen Handlungsfähigkeit in einer Situation extremer Abhängigkeit (vgl. Baierl 2014).

5.5.5 Kreative Prozesse

Rituale können – nicht nur dann, wenn sie von den Jugendlichen mitentwickelt werden – ein hohes Kreativitätspotenzial entfalten. Die Wirkweisen sind dann dieselben wie in Kunsttherapie oder anderen kreativen pädagogischen bzw. therapeutischen Ansätzen (vgl. z. B. Baer, Frick-Baer 2015 sowie deren weitere Veröffentlichungen).

5.5.6 Physiologie

Rituale wirken auf diversen physiologischen Ebenen. So gleicht sich z. B. der Herzschlag von Feuerläufer*innen und deren beobachtenden Verwandten während des Feuerlaufs an. Dies gilt nicht für Beobachter*innen, welche die Feuerläufer*innen nicht kennen (Konvalinka et al. 2011). Über Noradrenalin-Ausstoß[12] und neue Nervenverknüpfungen gleichen sich die neuronalen Aktivitäten von Ritualteilnehmer*innen an (Lesch 2019). Hochzeitsrituale tragen so z. B. dazu bei, dass sich die Physiologien zweier Familien annähern. Rituale können über die Oxytocin[13]-Ausschüttung beruhigend wirken und die Bindungen zwischen den Teilnehmenden stärken (Lesch 2019).

---

12 Noradrenalin ist ein Nervenbotenstoff, der u. a. bei der Stressbewältigung eine Rolle spielt.
13 Oxytocin ist ein Hormon, das u. a. bei Bindungsprozessen eine Rolle spielt.

5.5.7 Kommunikation

Rituale haben viele kommunikative Aspekte, sei es zwischen Erzieher*in und Jugendlicher*Jugendlichem (z. B. »Ich nehme dich ernst und biete dir ein Ritual an«), sei es für die*den Jugendliche*n selbst, die*der etwas ausdrücken kann, für das sie*er sonst keine Sprache hat, sei es die Kommunikation mit Menschen, Spirits oder anderen nichtkörperlich anwesenden Gegenübern. Bei Initiationsritualen (z. B. Jugendfeiern) vermittelt die aufnehmende Gruppe (z. B. die Erwachsenen) den Initiierten: »Jetzt gehörst du zu uns« etc.

5.5.8 Zusammenarbeit mit den Spirits

Die ursprüngliche Wirkebene ist die Kraft oder Präsenz von transzendenten oder »unsehbaren« Wesen oder Kräften, die dann Spirits[14], Gott, Göttin, Engel, Energien, Ahn*innen oder anders genannt werden (Nicholson 2019). Rituale dienten und dienen dem Zweck, mit diesen in Kontakt zu treten und zusammenzuwirken. Entweder werden diese Kräfte/Wesen direkt angerufen oder ihr Sein und ihre Bedeutung wird im Ritual anerkannt. Bei einer christlichen Beerdigung wird z. B. zu Gott gebetet, damit der*die Verstorbene sicher in den Himmel kommt. Schaman*innen treten mit Spirits in Kontakt, um in der Anderswelt Veränderungen zu erreichen, die eine heilende Wirkung in der Alltagsrealität haben (Lawson 2014). Eine buddhistische Gebetsmühle wird in Drehung gebracht, um die darin aufgeschriebenen Gebete auf die Welt wirken zu lassen.

Hat ein*e Jugendliche*r eine Beziehung zu solchen Wesen oder Kräften, wird die Ritualwirkung deutlich verstärkt, wenn diese auf eine dem*der Jugendlichen entsprechende Art Teil des Rituals ist. Glaubt der*die Jugendliche also an Gott, kann ein Gebet sinnvoller Teil des Rituals sein. Wird der*die Jugendliche von einem Krafttier begleitet, kann das Herbeirufen von oder das Gespräch mit dem Krafttier Teil eines Rituals sein. Erlebt sich ein*e Jugendliche*r mit seinen*ihren Ahn*innen verbunden, kann es gut sein, diese in das Ritual zu integrieren. Ebenso kann die spirituelle Anbindung an sich für eine*n Jugendliche*n der relevante Wirkfaktor sein. Ob Sie diese Spirits/Energien/Wirkkräfte als Teil psychologischer Verarbeitungs-

---

14 Zur Definition von Spirits s. Kapitel 1.1.3.

mechanismen sehen oder als real existent wahrnehmen, ist dabei nicht das Entscheidende. In beiden Fällen wirken diese und sind somit Teil der Wirklichkeit des*der Jugendlichen.

Die Kraft von Ritualen liegt darin, dass sie auf allen benannten Ebenen gleichzeitig wirken können. Die Praktikabilität von Ritualen liegt darin, dass alle Teilnehmenden mindestens eine Wirkebene als Teil ihrer Wirklichkeit anerkennen können. Dreh- und Angelpunkt ist das Schaffen der zuvor angesprochenen Erlebnisräume mit deren vielfältigen Wahrnehmungs- und Verarbeitungsprozessen. Je mehr dieser Aspekte Sie also in einem Ritual verfügbar machen, desto stärker wird dessen Wirkung sein.

Ob eine Handlung als Ritual erlebt wird, hängt weniger davon ab, was tatsächlich gemacht wird, als davon, wie und mit welcher Einstellung es gemacht wird. Ein*e Jugendliche*r kann sich z. B. Duschen, weil es von ihm*ihr erwartet wird, weil er*sie sauber werden will, weil dies automatisch zur Morgenroutine gehört oder um sich bewusst energetisch/spirituell zu reinigen. Das Letztere wäre ein Duschritual. Rituale die häufig durchgeführt werden, können zu Gewohnheiten verflachen, so kann etwa das Tischgebet zur gedankenlosen Routine werden. Andererseits können Gewohnheiten durch bewusste Füllung mit Sinn zum Ritual erhoben werden. Einige Fußballfans zelebrieren z. B. das Anziehen der Vereinsfarben vor einem Stadionbesuch entsprechend. Manchmal sorgt alleine die (ehrliche) Benennung einer speziellen Handlung als »Ritual« dafür, dass diese als solches erlebt wird. Rituale können ebenso aus wenigen Worte oder einer Geste bestehen wie aus einem großen komplexen Gefüge.

5.6 Auf einen Blick

Rituale erschaffen eine Wirklichkeit, die eine neue Wirklichkeit erschafft.

Rituale sind ein geeignetes Werkzeug, um resilienzfördernde spirituelle Erfahrungen zu ermöglich.

Rituale im Sinne dieses Buches sind ...
- *zielgerichtet:* Es soll etwas damit bewirkt werden.
- *wirkkräftig:* Dadurch dass sie ausgeführt werden, wird eine Veränderung eingeleitet.
- *sinnhaft:* Sie werden durchgeführt, um einen bestimmten Sinn zu erfüllen.
- *spezielle Handlungen:* Sie werden speziell für einen bestimmten Zweck durchgeführt.
- *besonders:* Sie unterscheiden sich vom Alltag. Oft sind sie feierlich.

und meistens
- *spirituell oder religiös:* Sie verweisen also auf eine andere Dimension und/oder schließen diese mit ein (z. B. höhere Mächte, Spirits wie Engel oder Krafttiere).
- *immer wieder gleich.*
- *nach vorgegebenen Regeln ablaufend.*
- Sie werden *bewusst* und *absichtlich* durchgeführt.

Rituale können für eine Vielzahl von Zielen angewandt werden.

Rituale wirken immer auf vielen Ebenen gleichzeitig. Wirkebenen können sein:
- Symbolische Handlungen
- Gemeinschaftserleben
- Trance bzw. veränderte Bewusstseinszustände
- Selbstwirksamkeit
- Kreative Prozesse
- Physiologie
- Kommunikation
- Zusammenarbeit mit den Spirits

Zur Ritualgestaltung kann sich jede*r auf diejenigen Wirkmechanismen beziehen, die der eigenen Wirklichkeit entsprechen.

Um mit Jugendlichen Rituale zu begehen, ist es notwendig, sich auf Wirkmechanismen zu beziehen, die mit deren Wirklichkeit vereinbar sind.

Ob eine Handlung als Ritual erlebt wird, hängt weniger davon ab, was tatsächlich gemacht wird, als davon, wie und mit welcher Einstellung es gemacht wird.

6 Ritualbaukasten

> »Die Essenz eines Rituals liegt nicht bei Äußerlichkeiten.
> Die Essenz ist das Erleben des Rituals an sich.«
> (Daan van Kampenhout)

Es ist der 21. Dezember, der Tag der Wintersonnenwende, kurz vor Sonnenaufgang, alle Jugendlichen und Mitarbeiter*innen einer Gruppe stehen im Halbkreis um eine sonnengelbe Kerze. Diese steht auf dem geschmückten Fenstersims des einzigen Fensters, das gegen Osten (Sonnenaufgang) zeigt. Alle haben sich so gekleidet, wie sie es für »festlich« halten. Die Jüngste liest feierlich freudig einen kurzen Text darüber, wie schön es ist, wenn es hell wird. Der Älteste zündet die Kerze an. Alle verharren kurz schweigend und denken daran, welches Licht sie im kommenden Jahr in die Welt bringen wollen. In dieser Zeit können auch alle, die dies wünschen, still beten bzw. sich mit Spirits aus ihrer spirituellen Richtung in Verbindung setzen. Zum Abschluss läuft »Morning Glow«, von Michael Jackson gesungen. Danach gibt es ein festlich reichhaltiges Frühstück.

Diese kurze Sequenz kostete fast kein Geld, benötigte kaum Vorbereitung, wenig Geschick und stellte doch für alle Teilnehmenden ein bewegendes Ritual dar. So kurz und einfach es ist, beinhaltete es doch alle Elemente, die ein Ritual auszeichnen.

Rituale müssen weder ausgefallen noch besonders komplex sein. Schon einzelne Handlungen, die mit der entsprechenden Haltung ausgeführt werden, können tief berühren und Veränderungen bewirken. Eine von Herzen kommende Segensgeste kann ähnlich tief wirken wie ein ausgefeiltes Verabschiedungsritual.

Für die bewusste Gestaltung von Ritualen werden weltweit ähnliche Elemente und Rahmensetzungen genutzt (Belliger, Krieger 2003). Diese beinhalten vor allem (jeweils: spezielle) Zeiten, Orte und Raumgestaltung, Kleidung und Schmuck, Anwesende, Handlungen, Worte, Arten, wie etwas getan oder gesprochen wird, Symbole bzw.

Repräsentanten von Spirits und/oder Energien und nicht selten Musik. Aus diesen und den im vorangehenden Kapitel besprochenen Wirkebenen lassen sich zentrale Ritualelemente ableiten. Diese werden im Folgenden so besprochen, dass deren Sinnhaftigkeit deutlich wird. So können Sie, je nach Situation und Zielsetzung eigene Rituale zusammenstellen, die individuell auf die Situation sowie die Bedarfe der Betreuten Kinder zugeschnitten sind. Sie können dabei bestehende Rituale nutzen, Rituale einmalig für einen speziellen Anlass entwickeln und/oder Rituale einführen, die in der Folge auch zusätzlich durch die immer gleiche Wiederholung wirken.[15]

6.1 Die 5 Phasen von Ritualen

In der Kinder- und Jugendhilfe hat sich bewährt, Rituale entlang der folgenden fünf Phasen zu gestalten:
1. Vorbereitungsphase
2. Loslösung vom Alltag und in Stimmung kommen
3. Das Ritual an sich
4. Abschluss und Rückkehr in den Alltag
5. Nachklang und evtl. Nachbearbeitung

6.1.1 Die Vorbereitungsphase

Bevor Sie ein vorhandenes Ritual nutzen oder ein neues gestalten, sollten Sie die folgenden Fragen beantworten:
1. Was soll das Ritual bewirken? Welche Wirklichkeit soll es erschaffen oder stärken?
2. Für und mit wem soll das Ritual stattfinden?
3. Was sind die geeigneten Elemente, um diese Wirkung(en) für diese(n) Menschen zu erreichen?
4. Welche spirituellen Elemente sollen im Ritual enthalten sein und wie explizit sollen diese präsent sein?
5. Was benötigt es dafür an Vorbereitung?

---

15 Zur Erinnerung: Viele überlieferten Rituale folgen einem Ritus und sind dann immer wieder gleich. Ritus und Wiederholung sind jedoch keine notwendigen Ritualbausteine.

Zu 1.) Was soll das Ritual bewirken?

Rituale sind immer als Angebot zu sehen. Ob das damit angestrebte Ziel erreicht wird oder nicht, hängt davon ab, wie die Teilnehmenden das Ritual erleben und wie sie das Erlebte verarbeiten. Je klarer Sie haben, was durch das Ritual bewirkt werden soll, desto wahrscheinlicher ist es, dass dies auch eintritt. Wenn der Heimwechsel eines*einer Jugendlichen bevorsteht, können die angestrebten Wirkungen eines Rituals z. B sein:
- Loslösung vom alten Heim und den Menschen dort
- Ehren, dass Bindungen bleiben, auch wenn ein Abschied ansteht
- Ausdruck von Abschiedstrauer der*des Gehenden und/oder der Bleibenden
- Vagen Ängsten vor dem Neuen besser begegnen können
- Gestaltung des Übergangs
- Abschließendes Würdigen der*des Gehenden
- Wecken von Freude auf das Neue bei der*dem Gehenden
- Rüstzeug bzw. Stärkung für den Neubeginn erhalten
- Erhalt von Kontinuität trotz oder gerade durch den Wechsel
- Verantwortungsübergabe der alten Mitarbeiter*innen an die neuen sowie das Erleben der*des Gehenden, weiterhin in guter Hut zu sein.
- Versöhnung (bei einem Heimwechsel aus Konflikten heraus)
- Das Erleben der*des Gehenden auch im Übergang und im Neuen von einer höheren Macht/unterstützenden Spirits begleitet zu sein
- u. v. m.

Ein einziges Ritual kann mehrere dieser Wirkrichtungen beinhalten oder ganz spezifisch auf eine davon abgestimmt werden.

Drei wesentliche Punkte dafür, im Ritual eine Wirklichkeit zu erschaffen, die tatsächlich Neues bewirkt, sind die Atmosphäre, die Handlung und das Begreifen.
Die *Atmosphäre* bestimmt wesentlich, ob etwas als bedeutsam, nebensächlich, kindisch, heilig, wirksam etc. erlebt wird.
Die *Handlung* sollte genau dem entsprechen, was im Ritual bewirkt werden soll. Bei einem Dankritual sollte dies eine Handlung sein,

die einem Gegenüber diesen Dank zum Ausdruck bringt. Ein Stärkungsritual sollte das Erleben von Kraft transportieren (in der Musiktherapie werden dazu z. B. oft große Trommeln oder große Gongs genutzt), und ein Reinigungsritual kann z. B. über Waschungen, Räuchern oder neue Kleidung Reinigung transportieren.

Das *Begreifen* schließt Kopf und Körper mit ein. Achten Sie darauf, wieviel Erklärung ein Kind benötigt, um das Ritualgeschehen zu begreifen sowie darauf, welche Handlungen und Körpererfahrungen dies unterstützen.

Eine Mitarbeiterin erzählte mir von einem völlig schiefgelaufenen Ritual: Ein Mädchen, dessen Mutter verstorben war, durfte dieser einen Brief schreiben, der dann verbrannt wurde. Als Trauerbegleiterin hatte die Mitarbeiterin dieses Ritual schon oft erfolgreich begleitet. Leider hatte sie dieses Mal nicht erklärt, dass das Feuer den Inhalt des Briefs aufnimmt und mit seiner Hitze und dem Rauch in den Himmel zur Mama bringt. Was das Mädchen erlebt hatte, war eine für sie tatsächlich heilige Handlung des Briefschreibens, doch dann hat die Mitarbeiterin verlangt, diesen heiligen Brief zu zerstören.

Wenige Sätze der Erklärung hätten gereicht, um ein Begreifen der Sinnhaftigkeit und Heiligkeit des Verbrennens zu ermöglichen. Achten Sie andererseits darauf, Rituale nicht durch zu viel Verstandesebene zu verkopfen, statt dem Erleben Raum zu geben.

Zu 2.) Für wen soll das Ritual stattfinden?

Rituale sollten sich immer an den Bedürfnissen der Teilnehmenden sowie deren Spiritualität ausrichten. Dazu ist es notwendig, zu wissen, wer die zentrale(n) Person(en) des Rituals sein soll(en) und ob es wichtige Nebenpersonen gibt. So macht es bei einem »Heimwechsel-Ritual« einen großen Unterschied, ob die Hauptpersonen des Rituals die Jugendlichen sind, die zurückbleiben oder die, die gehen. Falls beide Hauptpersonen sein sollen, wird es noch komplexer. Sollen zudem noch Mitarbeiter*innen oder Jugendliche des neuen Heims mitwirken, geht es darum, zu schauen, ob diese weitere Haupt- oder Nebenpersonen des Rituals sein sollen. Bei mehreren Gruppen mit unterschiedlichen Positionen (z. B. der*die Gehende, die Bleibenden, die neuen Mitarbeiter*innen) gilt es zu prüfen, ob alles Wichtige in einen großen Ritualakt gepackt wird oder ob es eine Abfolge von Phasen gibt, durch die es einfacher wird, allen gerecht zu werden.

> Ein einzelnes gemeinsames Ritual für alle könnte z. B. ein Weaver-Bundle sein (→ Kapitel 7.3). Eine Abfolge könnte z. B. sein: »Gold würdigen« (→ Kapitel 7.2), indem alle Bleibenden das Gold des*der Gehenden würdigen. Der*die Gehende könnte jedem Bleibenden einen schönen Stein überreichen und dabei benennen, was er an diesem Menschen vermissen wird. Dann könnten die alten Mitarbeiter*innen gemeinsam mit dem*der Jugendlichen zum Tor gehen (vgl. »Durch das Tor gehen« in Kapitel 7.14), auf der anderen Seite warten Vertreter*innen der neuen Mitarbeiter*innen und heißen das Kind/den*die Jugendliche*n willkommen.

Zu 3.) Was sind die geeigneten Elemente?

Orientieren Sie sich dabei an den spirituellen Wirklichkeiten und Bedürfnissen der Hauptteilnehmenden. So kann es einem muslimischen Jungen wichtig sein, dass spezifisch muslimische Ritualinhalte und/oder -formen Teil des Rituals sind. Oder diese gehören für denselben Jungen eben gerade nicht in irgendeinen oder diesen speziellen Jugendhilfekontext. Achten Sie bei Wortwahl, Gestaltung und allen anderen Elementen darauf, ob Spirits, Energien, höhere Mächte einen realen Teil der Wirklichkeit der Teilnehmenden sind oder als vorgestellte bzw. symbolische Dynamiken erlebt werden. Für diesbezüglich gemischte Gruppe s. Kapitel 3.3.

Zu 4.) und 5.)

Die Antworten zu Punkt 4 und 5 ergeben sich aus den Antworten auf 1. bis 3. sowie der folgenden Darstellung wirksamer Ritualbausteine.

Gemeinsame Vorbereitung

Für die Beantwortung der Vorbereitungsfragen sprechen Sie sich am besten mit den Jugendlichen, Ihren Kolleg*innen und ggf. weiteren Ritualteilnehmenden ab. Dies bietet die größte Chance, wirklich passende Rituale zu entwickeln. Prüfen Sie auch, welche konkreten Vorbereitungen Sie gemeinsam mit den Jugendlichen tätigen wollen, und welche besser in Ihrer Hand oder der der Kolleg*innen bleiben. Aufgaben, wie das Gestalten des Ritualortes, das Entwerfen eventueller Einladungen oder die Auswahl und Vorbereitung von (rituellen) Speisen und Getränken, werden oft als bereichernd erlebt, wenn sie gemeinsam durchgeführt werden. Sie dienen dann auch bereits der Einstimmung auf das Ritual. Für konkrete Wortwahlen und/oder Handlungsverläufe ist es oft sinnvoll, diese selbst zu entwickeln und vorzugeben (nachdem Sie Inhalte und Ziele gut mit den Jugendlichen abgesprochen haben). Doch gibt es diesbezüglich keine festen Vorgaben. Denken Sie an die Vorbereitung eines Sommerfestes oder einer Geburtstagsfeier, bei der einiges an Vorbereitung Aufgabe der Mitarbeiter*innen ist, anderes mit den Jugendlichen oder alleine von diesen vorbereitet wird. Die Erfahrungen, die Sie bei solchen Anlässen gemacht haben, bieten eine gute Orientierung dafür, wie Sie ein Ritual vorbereiten wollen.

Bedenken Sie dabei jedoch, dass Rituale u. a. durch die Atmosphäre wirken. Wenn das Ritual erstmal beginnt, sollte klar sein, welche Schritte auf welche Art ausgeführt werden, wer was wann tut oder sagt. Ebenso sollten alle Utensilien dort sein, wo sie für das Ritual gebraucht werden. Schon Kleinigkeiten können die Atmosphäre zunichtemachen, z. B. wenn eine Gruppe sich langweilt oder herumzualbern beginnt, weil Sie mittendrin zwei Minuten nach Streichhölzern suchen. Es ist ebenfalls besser, Ritualtexte abzulesen, wenn das Auswendigsprechen die Gefahr birgt, dass vor lauter Aufregung der Text oder Teile davon vergessen werden.

Verminderung möglicher Störquellen

Schließen Sie möglichst viele Störquellen aus: Handys werden ausgeschaltet oder erst gar nicht mitgebracht, ein Festnetztelefon kann man stumm schalten (oder die Tür zum Büro schließen). Rechnen Sie genügend Zeit dafür ein, dass die Kids sich auf das Ritual einstimmen können. Sprechen Sie an, dass manchmal Lach- oder Hustenanfälle bei einem Ritual vorkommen können, dann sollen die Betroffenen sich kurz zurückziehen und, wenn der Anfall vorbei ist, wieder dazustoßen. Zum einen verringert so eine Ansage die

Wahrscheinlichkeit entsprechender Anfälle erheblich. Zum anderen wirken so auftauchende Lachanfälle für die Betroffenen wie für die anderen am wenigsten störend.

Erklären Sie den Kindern vor Ritualbeginn, wie das Ritual ablaufen wird und welche Bedeutung die einzelnen Handlungen haben. Versichern Sie ihnen an dieser Stelle auch, dass Sie sie Schritt für Schritt anleiten. So können sich die Teilnehmenden mit Herz und Verstand auf das Geschehen einlassen. Die Konzentration kann auf das Erleben gelegt werden und verliert sich nicht im beständigen Hoffen, nichts zu vergessen oder beim Darüber-Nachdenken, wozu eine Handlung gemacht wird.

> Planen Sie etwa, ein Weaver-Bundle (→ Kapitel 7.3) zu machen und zu verbrennen, erklären Sie kurz die einzelnen Schritte und sagen dann, dass sie jeden einzelnen Schritt eigens anleiten werden. Zum Verbrennen können Sie z. B. (altersentsprechend angepasst) erklären: »Feuer steht weltweit für Transformation bzw. Veränderung. Möge das Feuer verwandeln, was sich lösen/gehen soll und das Befeuern, was wir uns wünschen. Schaut während des Verbrennens bitte alle schweigend in die Flammen und spürt nach, wie es sich anfühlt, wenn alles, was wir in das Päckchen gegeben haben, verwandelt oder befeuert wird. Ich sage dann an, wenn es weitergehen wird.« Soll das Päckchen vergraben werden kann die Ansprache enthalten, dass Mutter Erde sich all dessen annimmt, was im Päckchen ist und/oder dass das, was gehen soll, (von Mutter Erde) zu Kompost verarbeitet wird. Dieser (oder Mutter Erde) sorgt für starke Wurzeln und festen Halt.

6.1.2 Loslösung vom Alltag und in Stimmung kommen

Da Rituale auch von Stimmungen und Atmosphären leben, gilt es, sich zu überlegen, wie wer dazu beitragen kann, dass die entsprechende Stimmung entsteht. Einige Vorbereitungselemente können diesen Zweck erfüllen. Wird z. B. am selben Tag bzw. direkt vor dem Ritual gekocht, ein Tisch festlich gerichtet, der Raum vorbereitet, Geschenke eingepackt, Gaben vorbereitet (→ Kapitel 6.2.14) o. ä., unterstützt dies schon die Stimmung. Zu vielen Anlässen kleiden wir uns besonders. Sich entsprechend anzuziehen, zu schminken und zu stylen ist gerade für Jugendliche oft ein beliebter Teil des »In-Stimmung-Kommens«. Für Jugendliche ist Musik der »Stimmungsmacher« schlechthin und kann entsprechend eingesetzt werden. Ist die Tür zum Ritualraum verschlossen und alle müssen warten, bis sie sich zum Ritual öffnet, kann dies die Stimmung befeuern. In diesem Fall ist zu überlegen, ob der Wartebereich und die Wartezeit schon entsprechend gestaltet werden sollen. Ist dort etwa indirekte Beleuchtung, spielt leise Musik, sind alle angehalten schweigend zu warten o. ä.?

Wenn das Ritual beginnt, kann eine feierliche (oder feurige) Ansprache als Beginn in Stimmung bringen. Vor allem wenn Sie mit Gruppen von Pubertierenden arbeiten, ist es sinnvoll, Zeit und Rahmen dafür zu haben, dass diese sich einstimmen können. Dass am Anfang noch geflachst wird, coole oder abwertende Sprüche kommen, kleinere Neckereien ausgetauscht werden u. ä., ist in solchen Gruppen häufig. Sprechen Sie vorher an, dass so etwas geschehen kann und bitten darum, dies in Grenzen zu halten. Berechnen Sie den Zeitrahmen großzügig genug, damit sie Zeit haben, um in Ruhe für Klärung zu sorgen, jemand nochmals auf Toilette kann o. ä.

Zu anderen Anlässen reicht viel weniger aus: ein kurzes Innehalten, die Ansage, dass jetzt gleich das Ritual beginnt. Der Beginn eines Musikstücks und ein klarer Anfang können bereits eine Loslösung vom Alltag bewirken. Hier gilt es, eine Balance zu halten. Rituale wirken dadurch, dass sie viele Ebenen gleichzeitig ansprechen, dass der Körper daran ebenso beteiligt ist wie der Verstand und andere Ebenen mehr. Nutzen Sie all das, um sich und die Jugendlichen aus dem Alltag zu lösen und auf das Ritual einzustimmen. Auf der anderen Seite gilt es, darauf zu achten, welchen Rahmen Sie innerhalb Ihres Arbeitsfeldes dafür gestalten können.

6.1.3 Das Ritual an sich

Diese Phase ist Kern und Höhepunkt des Rituals. Sie kann einen oder mehrere Schritte enthalten. In Kapitel 7 finden Sie dafür viele Beispiele. Nun ist die große Aufgabe, mit und für den Jugendlichen eine Wirklichkeit zu schaffen, die so stark erlebt wird, dass sie tatsächlich etwas bewirkt. Orientieren Sie sich so genau wie möglich an der (erfragten und vermuteten) Wirklichkeit des Jugendlichen, sodass die rituellen Handlungen in dessen Wirklichkeit greifen und wirken können. Achten Sie diesbezüglich gut auf Ihre Sprache.

> Will ein*e Jugendliche*r sich z. B. bei einem*einer Verstorbenen bedanken, ist es wichtig, ob dies für den*die Jugendliche*n eine reale Begegnung oder eine Vorstellungsübung ist. Im ersten Fall leiten Sie ihn*sie z. B. dazu an, dem*der Verstorbenen zu begegnen, dessen Präsenz wahrzunehmen und sich bei diesem zu bedanken. Im zweiten Fall lautet die Anleitung evtl., sich vorzustellen, dass der*die Verstorbene kommt, und ihm*ihr dann in Gedanken oder tatsächlicher Sprache den Dank auszusprechen. Soll im Ritual etwas verbrannt werden, macht es einen entscheidenden Unterschied, ob Sie dazu sagen: »Werft nun Euer Holzstöckchen mit all dem, was Ihr abgeben wollt, symbolisch ins Feuer und stellt Euch vor, wie das Feuer all dies verwandelt.« *oder* »Werft nun Euer Holzstöckchen mit all dem, was Ihr abgeben wollt, ins Feuer und erlebt, wie das Feuer all dies transformiert.«

Achten Sie im Hauptteil des Rituals darauf, dass die Konzentration der Teilnehmenden beim Wesentlichen bleibt. Ist die zentrale Handlung das Steigenlassen eines Gasballons, können Musik, Feuer oder Räucherwerk wertvolles Beiwerk sein, das Atmosphäre schafft, doch sollten sich diese im Hintergrund halten. Wenn der zentrale Punkt gekommen ist, etwas zu verbrennen, sollte der Fokus klar auf diesen Vorgang gelegt werden. Ist die zentrale Handlung das gemeinsame Chanten (→ Kapitel 7.18) sollte alles andere dahinter zurücktreten.

Sie sind diejenige*derjenige, die*der die Verantwortung hat, dass die Struktur stimmt und eingehalten wird. Das heißt, Sie haben den Ablauf klar im Kopf (oder so aufgeschrieben, dass Sie schnell nachlesen können) und Sie leiten die Teilnehmenden Schritt für Schritt durch das Ritual. Die Teilnehmenden können sich so ganz dem Erleben überlassen. Es kann sinnvoll sein, dass Einzelne oder die Gesamtgruppe Aufgaben im Ritual übernehmen (z. B. einen Text sprechen, eine Waschung durchführen o. ä.). In solchen Fällen ist es gut, dies vorab einzuüben, sodass jedem wirklich klar ist, was wann wie gemacht werden soll. Und Sie sollten auch in diesem Fall genügend Überblick haben, um die Teilnehmenden anleiten zu können, falls diese sich nicht mehr sicher sind, was wer als nächstes tun soll. Je geübter eine Gruppe in der Ritualgestaltung ist, desto mehr Verantwortung können auch die Kinder oder Jugendlichen übernehmen.

6.1.4 Abschluss und Rückkehr in den Alltag

Achten Sie schon in der Vorbereitung darauf, dass Rituale einen Anfang und ein Ende haben. Haben Sie klar, was Sie zum Abschluss tun oder sagen. Rituale verlieren einen Teil ihrer Kraft, wenn sie am Ende einfach auströpfeln. Der Abschluss des Rituals ist gleichzeitig der Übergang zur Rückkehr in den Alltag. Beispiele für Abschlüsse sind:

- Klar Ansagen, dass das Ritual jetzt vorbei ist und was danach kommt, z. B.: »Wir haben das Weaver-Bundle jetzt der Erde übergeben und diese tut ihr Werk. Als nächstes bleiben wir alle noch eine Minute stehen und dann treffen wir uns in 15 Minuten im Gruppenraum.«
- Ansagen, dass das Ritual jetzt vorbei ist und …
  - alle so lange am Feuer bleiben können, wie sie wollen.
  - dass noch abschließend ein Musikstück gehört wird und danach jede*r schweigend geht.
  - dass die Mitarbeiter*innen noch im Raum bleiben, falls noch jemand einfach dableiben oder reden will.
  - dass in 15 Minuten alle gemeinsam aufräumen.
  - …

In einigen Kontexten bestehen rituelle Abschlussworte. Sie alle kennen das »Hugh, ich habe gesprochen« oder das »Amen« in der Kirche. Wenn Sie solch ein Wort (oder solche Worte) einführen, ist allen klar, dass das Ritual dann zu Ende ist. Ein gemeinsamer Abschluss kann dann sein, dass die Ritualleitung das Wort spricht, alle dies gemeinsam wiederholen und damit das Ritual beendet ist. Wird vorher angekündigt, was nach diesem Abschluss geschieht (z. B. alle verlassen den Raum), hat das Ritual einen klaren Abschluss und zerfließt am Ende nicht. Ich nutze gerne »Aye«. Sie kennen dies vielleicht als »Aye, aye Captain«. »Aye« stammt aus den keltischen Sprachen und heißt »Ja« bzw. »Ich habe dich gehört« oder ist generell ein Ausdruck von Bestätigung. Wählen Sie einen Ausdruck, der Ihnen und den Betreuten entspricht. Eine Gruppe hat sich diesbezüglich z. B. auf »yo man« geeinigt.

6.1.5 Nachklang und evtl. Nachbereitung

Viele Rituale wirken lange nach und es benötigt Zeit und Raum, um wieder im Alltag anzukommen. Planen Sie also genügend Zeit dafür ein. Weder die Kinder noch Sie sollten direkt zur nächsten Tätigkeit übergehen müssen. Stellen Sie sicher, dass Sie nicht direkt im Anschluss gehen müssen, sondern noch die Zeit haben, für die Teilnehmenden da zu sein, falls diese dies brauchen oder wünschen.

Die Möglichkeiten der Ausklangsgestaltung sind vielfältig. So kann z. B. das Ritual beendet und der Ritualort von allen verlassen werden, aber die Gruppe bleibt für einen Spaziergang beisammen. So kann jede*r für sich sein oder Kontakt suchen. Es kann noch leise Musik im Ritualraum gespielt werden und mindestens eine Fachkraft bleibt als Ansprechpartner*in dort. Oder es bleibt bewusst kein*e Erzieher*in am Ritualort, sodass die Jugendlichen dort noch ungestört bleiben können – aber alle wissen, wo Ansprechpartner*innen zu finden sind. Sie können ein gemeinsames Essen als Abschluss planen, bei dem geredet werden kann – aber nicht muss. Gerade bei aufwühlenden Ritualen kann es sinnvoll sein, danach Tobespiele oder andere Aktivitäten anzubieten, bei denen der Erregung Raum gegeben werden kann. Direkt im Anschluss oder am Ende des Tages kann eine Abschlussrunde einberufen werden.

Rituale stellen im Bestfall intensive Erlebnisse dar. Alles was Sie an Abschlüssen oder Ausklängen aus Erlebnispädagogik und anderen Richtungen kennen, ist für diese Phase geeignet. Meine Empfehlung ist: Überlegen Sie sich gut, was die Teilnehmenden, nach allem, was Sie wissen, wahrscheinlich als Ausklang benötigen und planen Sie einen solchen sorgfältig. Seien Sie jedoch flexibel genug, um etwas ganz anderes anbieten zu können, falls die Gruppe oder Einzelne dies benötigen.

Wie bei allen intensiven Interventionen empfiehlt es sich, das Ritual und dessen Wirkung hinterher mit dem Team zu reflektieren.

6.2 Ritualbausteine

6.2.1 Atmosphäre

Rituale wirken vielschichtig und auf vielen Ebenen gleichzeitig. Sie schließen u. a. den Verstand, Sinneseindrücke, Körpererfahrungen, innere Bilder und Handlungen mit ein. Rituale werden daher aus mehreren Bausteinen zusammengesetzt, die unterschiedliche Ebenen ansprechen. Alle Elemente zusammen erschaffen eine besondere/heilige/bedeutsame etc. Atmosphäre. Das, was in dieser Atmosphäre geschieht, wird idealerweise als besonders wahr, intensiv, bedeutsam etc. empfunden. So beschreibt es auch Daan van Kampenhout (1996) mit dem Satz: »Die Essenz eines Rituals liegt nicht bei Äußerlichkeiten. Die Essenz ist das Erleben des Rituals an sich.«

Rituale werden durchgeführt, um etwas zu bewirken. Überlegen Sie sich also, was das Ritual bewirken soll, welche Atmosphäre dies am besten unterstützt und welche Bausteine Sie nutzen wollen, um diese Atmosphäre zu erzeugen. Wenn die Atmosphäre stimmt, ist vieles andere zweitrangig, da die Atmosphäre dem Geschehen Bedeutung verleiht. Viele Menschen, die an Ritualen fremder Kulturen teilnehmen und diese nicht verstehen, sind dennoch von deren Atmosphäre bewegt und erleben teilweise dadurch Veränderungen in ihrem Leben. Die Atmosphäre ist der vielleicht wichtigste Faktor dafür, dass ein Ritual als wirksam erlebt wird. Eine bestimmte Atmosphäre lässt sich nicht erzwingen, doch je sorgfältiger Sie vorbereiten, desto wahrscheinlicher erschaffen Sie eine wirksame Atmosphäre. Alle im Folgenden genannten Bausteine tragen zur Atmosphäre bei und können gezielt genutzt werden, um eine bestimmte Atmosphäre zu erzeugen.

6.2.2 Besonderheit

Für Rituale wird der Alltag bewusst verlassen. Ob Sie davon ausgehen, dass dabei eine andere Dimension mitschwingt, andere Gehirnareale angesprochen werden oder das intensive Erleben wirkt: Rituale leben davon »besonders« zu sein. Falls Sie und/oder das Kind Rituale für etwas Besonderes halten, verleiht bereits die (ehrliche) Benennung einer Aktivität als »Ritual« diesem Besonderheit. Achten Sie bei all den anderen Bausteinen darauf, dass Besonderes darin enthalten ist, das sich vom Alltag abhebt. Was sind z. B. besondere Orte, Kleidungsarten, Schmuckstücke, Anwesende, Gesten, Aktivitäten oder Arten etwas zu tun. Teilweise reichen dafür Kleinigkeiten, wie z. B. dass alle ein Lieblingskleidungsstück tragen, der Raum mit Palo Santo geräuchert ist, dass ein Text besonders lebendig, feierlich, getragen etc. gesprochen wird oder eine Handlung sorgfältig und bewusst ausgeführt wird.

6.2.3 Besondere Zeit(en)

Rituale haben immer einen Anlass. Idealerweise werden sie zu den dazu passenden Zeiten durchgeführt. Einige dieser Zeiten sind vorgegeben, die Sommersonnenwendfeier ist am 21. Juni. Ein Geburtstag ist an einem bestimmten Datum und Neujahr ist in der westlichen Kultur am 1. Januar. Andere folgen bestimmten Anlässen. Eine Schulabschlussfeier sollte in unmittelbarer Nähe nach den Prüfungen geschehen. Ein Verabschiedungsritual dann, wenn ein Kind tatsächlich geht. Andere Zeiten werden gewählt, weil sie passen oder besonders sind. Die Abend- oder Morgendämmerung wird von vielen als speziell empfunden.[16] Zum Totengedenken bietet sich eher der triste November an; um das Leben zu feiern eher der Mai, wenn alles vor Lebenskraft strotzt. Für viele Kinder ist es besonders, wenn sie länger als üblich aufbleiben dürfen. Alles, was spätabends oder nachts geschieht, wird dann als besonders empfunden.

Wählen Sie also Zeiten, die den Anlässen entsprechen und – wenn möglich –, die für die Jugendlichen eine Besonderheit darstellen (christliche Gottesdienste sind z. B. in der Regel sonntags und das Freitagsgebet eben freitags). Achten Sie darauf, welche Tages- oder Jahreszeit dem Inhalt des Rituals am ehesten entspricht. Je nach Situ-

---

16 In vielen Kulturen gelten Übergänge bzw. Grenzzonen als »magische Zonen«, in denen sich unterschiedliche Wirklichkeitsdimensionen berühren. In solchen Zonen werden die Grenzen zwischen der Alltagsrealität und dem Heiligen, Numinosen als besonders durchlässig erlebt. Übergänge sind z. B. Mitternacht, Dämmerung, Neujahr, Brücken, Tore, Uferbereiche, Schuljahresende u. ä. m. Rituale an Übergängen werden daher oft als besonders wirksam erlebt.

ation kann für eine*n Jugendliche*n z. B. eine Trauerfeier morgens richtig sein. Er*Sie hat dann den gesamten Tag, um sich zu stabilisieren und abends alleine im Bett schlafen zu können. Ein*e andere*r Jugendliche*r wünscht womöglich, dass er*sie direkt nach der Trauerfeier einfach nur ins Bett kann. Dann wäre der Abend ein guter Zeitpunkt. Und manchmal müssen Rituale dann stattfinden, wenn es möglich ist –, auch wenn es passendere Zeiten dafür geben würde.

6.2.4 Besonderer Ort bzw. speziell gestalteter Ort

Für spezielle Rituale wurden und werden spezielle Räume genutzt. Alle Religionen haben entsprechende Bauwerke oder Orte. Die Atmosphäre einer Moschee ist anders als die einer Schulaula, einer Höhle oder eines Steinkreises. Doch alle vier werden für Rituale genutzt. Ein Faktor ist dabei sicher die Praktikabilität. Für eine große Schulabschlussfeier ist das Klassenzimmer schlichtweg zu klein. Andererseits spielt die Aula im Schulalltag keine Rolle. Alles, was in ihr geschieht, ist »besonders«. Das Fenster im eingangs aufgeführten Ritual (→ Kapitel 6) lag im Treppenhaus und hat seine Besonderheit nur durch seine Ausrichtung zum Sonnenaufgang erhalten.

Achten Sie bei der Ortswahl also darauf, welcher Ort dem Zweck des Rituals am besten gerecht wird. Traditionell werden z. B. Quellen, alte Bäume, besondere Felsen, Orte mit Aussicht oder Höhlen für Rituale genutzt. Alte angelegte Heiligtümer (ob Steinkreis, Gebäude oder heilige Haine) liegen alle auf Kraftorten, also Orten an denen spezielle Energiephänomene festgestellt werden können (Brönnle 1994). Andere sind so angelegt, dass sie eine ganz besondere Atmosphäre haben (eine spezielle Sitzgruppe im Stadtpark, ein Meditationsraum oder der Spiegelsaal im alten Rathaus). Falls Sie Zugang zu solchen Orten oder Räumen haben, nutzen Sie dies. Überlegen Sie sich, was durch das Ritual bewirkt werden soll und welcher Ort oder Raum dies am besten transportiert. Wann immer dies möglich ist, wählen Sie einen Ort oder Raum, an dem Sie während des Rituals ungestört sind.

Andererseits lässt sich jeder Raum umgestalten und in einen rituellen Ort verwandeln. Dieser Effekt ist Ihnen vertraut, wenn Sie

Räume kennen, die speziell für Karneval, Weihnachten, Halloween o. ä. hergerichtet wurden. Schon ein schönes Tuch über dem Couchtisch verändert die Atmosphäre, besonderes Licht, Dunkelheit, Kerzen oder eine spezielle Sitzordnung (im Kreis, auf dem Boden, auf Stühlen mit Stuhlhussen) und vieles andere mehr wirkt ebenfalls. Die meisten Kulturen und Religionen nutzen Altäre. Ein Altar ist im Prinzip nichts anderes als eine für spirituelle oder rituelle Zwecke genutzte Fläche. Ein der Spiritualität der Kinder entsprechender Altar macht einen Raum schnell zum Ritualraum. Ob dafür ein schön geschnitzter Tisch, ein leerer Karton mit einem schönen/bunten Tuch darüber, ein Tuch direkt auf dem Boden oder ein flacher Stein genutzt wird, hat denselben Effekt. Auf dem Altar können z. B. eine einzelne Kerze, ein Blumenstrauß oder eine Wasserschale als universelle Symbole stehen. Oder es steht dort etwas, das speziell für den Anlass des Rituals und/oder der spirituellen Anbindung der Teilnehmenden steht, etwa ein Foto der Abschlussklasse, die Lieblingsmütze eines Verstorbenen, eine Christusfigur oder eine Buddha-Statue. Bewährt hat sich auch, dass alle Teilnehmenden einen Gegenstand beisteuern, der ihnen persönlich bedeutsam/heilig/spirituell wichtig ist, und der auf den Altar gestellt wird.

Ob Altar oder nicht, jede Gestaltung einer Mitte hilft einer Gruppe, sich zu fokussieren und sich um diese Mitte als Gruppe zu erleben. Menschen versammeln sich bereits seit der Steinzeit um brennende Feuer. Dieses Erbe tragen wir alle in uns. Ein Lagerfeuer, eine Kerze, ein Schmelzfeuer, eine Öllampe, ein Bioethanolbrenner oder anderes echtes Feuer ist daher besonders gut als Mitte geeignet.

6.2.5 Besondere Menschen

Sind besondere Menschen bei einem Ritual anwesend, verleihen sie diesem eine besondere Atmosphäre und Bedeutung. Dies kann ganz simpel die Bezugsfachkraft sein, die dabei ist, obwohl ein*e andere*r Mitarbeiter*in das Ritual leitet. Auch Schulfreunde oder die Freundin, die üblicherweise nicht in der Gruppe sind, können für Jugendliche bedeutsam sein. Sie können auch prüfen, für welche Rituale Eltern, Geschwister oder andere Familienmitglieder für die Kids bedeutsam sind. Wenn große Leistungen oder Anlässe im Leben der Jugendlichen gewürdigt werden (z. B. Wettkampf gewonnen, Versetzung geschafft, erste drei Monate ohne Drogenkonsum, erste Monatsblutung, Ausbildungsbeginn o. ä.) wirkt es deutlich selbstwertstiftend, wenn bei diesbezüglichen Ritualen Menschen anwesend sind, die den Jugendlichen etwas bedeuten, z. B. alle Mitarbeiter*innen einer Gruppe, die Heimleitung oder auch der*die Sporttrainer*in.

Ein ehemaliger Schulverweigerer, der seinen externen Schulabschluss geschafft hatte, wollte dringend seinen ehemaligen Rektor dabei haben, von dem er jahrelang gehört hatte, dass er es nie zu etwas bringen würde. Dass dieser tatsächlich zum Schulabschlussritual gekommen ist, hat den Jungen deutlich gestärkt.

Bei anderen mag die ehemalige Pflegemutter oder jemand anderes aus der Vergangenheit eine besondere Person sein. »Besonders« kann auch bedeuten, dass nur Menschen an einem Ritual teilnehmen, die dem Jugendlichen wichtig sind (und somit z. B. bestimmte Mitarbeiter*innen, Mitbewohner*innen oder auch die Eltern wegbleiben).

6.2.6 Besondere/r Kleidung/Schmuck/Körpergestaltung

Alle Religionen kennen rituelle Kleidung, Schmuck und/oder Körperbemalung. Es trägt wesentlich zur Atmosphäre bei, wenn Sie dies für ein Ritual berücksichtigen. Jugendliche, die sich sorgfältig stylen, bevor sie zur Disco gehen, sind ein gutes Beispiel für das Bedürfnis, sich für besondere Anlässe »besonders« zu machen. Überlegen Sie – am besten mit den Betreuten –, welches Styling für sie besonders und dem Ritualanlass entsprechend ist. Dies kann ganz unterschiedlich sein. Für manche ist das Tragen sauberer oder gebügelter Kleidung etwas Besonderes. Kleid und Anzug sind traditionell festlich, schwarz ist eine traditionelle Trauerfarbe. Die Anleitung kann auch sein, dass jede*r bewusst und ehrlich das anzieht, was er*sie für am passendsten hält. Zu anderen Anlässen kann es stimmig sein, dass alle ganz in weiß (oder grün) kommen oder zumindest ein Kleidungsstück dieser Farbe tragen. Barfuß oder in tollem Schuhwerk zu erscheinen, kann besonders sein. Sich gut zu schminken, mit gestylter Frisur zu erscheinen, frisch gewaschen oder frisch rasiert zu erscheinen sind weitere Möglichkeiten. Ebenso, sich ein Tuch um den Bauch zu binden, mit Armschärpe zu erscheinen oder einen speziellen Gürtel zu tragen. Und Sie können speziell dem Anlass entsprechende Accessoires nutzen, z. B. dass alle einen Regenbogen oder einen Stern ins Gesicht geschminkt bekommen, dass alle einen Blumenkranz tragen o. ä. Bei einem Abschiedsritual hatten wir allen Jugendlichen den gleichen »Mood-Ring«[17] besorgt, den alle beim Ritual getragen haben.

6.2.7 Besondere Handlungen bzw. speziell ausgeführte Handlungen und Gesten

Kernstück fast aller Rituale ist eine Handlung (oder eine Kombination von Handlungen), die ausgeführt wird, um etwas zu bewirken. In der christlichen Lehre bewirkt die Taufe, dass der Täufling Christ ist, wodurch sich seine Beziehung zu Gott verändert. Waschung und Aussprechen der Basmala[18] geschieht, um Reinheit vor der Lesung des Korans zu schaffen. In einem psychotherapeutischen Ritual soll das symbolische Ablegen eines Steines, der für eine große Schuld steht, dazu beitragen, einen besseren Umgang mit erlebter Schuld zu finden. Das Aufhängen eines Traumfängers soll dafür sorgen, dass keine Alpträume auftreten. In vielen Kulturen werden Räucherungen verwendet, um »gute Geister« einzuladen bzw. »unerwünschte Spirits« abzuschrecken (vgl. Rätsch 2006).

Es gibt sehr unterschiedliche Auffassungen darüber, ob diese Handlungen symbolisch sind, alleine durch ihre Ausübung etwas bewirken, in der »richtigen« inneren Haltung ausgeführt werden müssen, um wirkkräftig zu sein oder völlig andere Verarbeitungsprozesse anstoßen, die dann zu Veränderungen führen (können) (→ Kapitel 5.5).

---

17 Ringe, die je nach Körpertemperatur die Farbe wechseln und dadurch angeblich Gefühle anzeigen.
18 *Basmala*: arabische Anrufungsformel am Anfang fast aller Suren des Korans (»Bismi'llahi-'rrahmani-'rrahim«: im Namen Gottes, des Gnädigen, des Barmherzigen).

Orientieren Sie sich beim Ansprechen der möglichen Wirkarten an den Wirklichkeiten und Bedürfnissen der Betreuten. Zentral ist, dass diesen Handlungen eine Wirkkraft zugesprochen wird – durch welche Wirkmechanismen auch immer. Ohne eine solche ist die ausgefeilteste Zeremonie vielleicht eine gelungene Theatervorstellung, doch kein Ritual im hier beschriebenen Sinne.

Entsprechend sorgfältig sollten sie die zentralen Handlungen auswählen. Welche Handlungen passen in der Wirklichkeit der Betreuten zur angestrebten Wirkung? Wenn z. B. etwas abgegeben werden soll, kann Wegwerfen, Vergraben, Herausbrüllen, Verbrennen, Zerschlagen, an einen Spirit übergeben, Abwaschen oder eine andere Handlung gewählt werden. Diese Handlung kann wiederum von dem*der Ritualleiter*in oder dem*der Jugendlichen, für den*die das Ritual gemacht wird, ausgeführt werden. So kann sich der*die Jugendliche z. B. selbst rituell waschen, er wird rituell geräuchert und somit gereinigt, jemand schlägt laut eine große Trommel in unmittelbarer Nähe der*des Jugendlichen, und der Schall lässt alles abbröseln, was abgegeben werden soll. Für die Handlung können zudem innere Bilder oder äußere Objekte genutzt werden.

Ein*e Jugendliche*r, die*der mit dem Rauchen aufhören möchte, kann z. B. eine Tonfigur formen, welche ihr*sein Bedürfnis »zu Rauchen« darstellt und diese dann zerschlagen. Oder er kann einen Stab erhalten. Dann wird er aufgefordert, sein Bedürfnis zu rauchen genau vor sich zu visualisieren, um es dann mit einem gezielten starken Schlag des Stabes zu zerschlagen.

Überprüfen Sie dabei auch, welche inneren Haltungen bei den Jugendlichen wirksam sein können. So kann es sein, dass Rauchen für den*die Jugendliche*n lange Zeit ein Weg war, sich erwachsen (groß, stark, eigenmächtig, unabhängig, zugehörig etc.) zu fühlen. Dann geht es meist nicht ums Zerschlagen. Oft ist es dann am wirksamsten, wenn der Jugendliche sein Bedürfnis zu rauchen als Figur tont und/oder malt sich bei diesem für die guten Dienste bedankt, die es ihm geleistet hat, und die getonte Figur bzw. das Bild dann an einem ehrenvollen Ort ablegt und verabschiedet.

> Eine Jugendliche hat ihrem Hang zu stehlen einen Abschiedsrap geschrieben, den sie dann im rituellen Rahmen, dem »Spirit des Stehlens«, vorgetragen hat.

Welche Handlung(en) Sie auch wählen, sie sollen im Leben der Kinder- und Jugendlichen wirksam sein und zu deren Wirklichkeit passen. Meist ist es hilfreich, wenn die Jugendlichen im Ritual auch selbst etwas tun, statt dass nur andere etwas für sie tun. Zum einen erhöht sich dadurch erfahrungsgemäß oft die Wirkkraft des Rituals und zum zweiten wird dadurch das Selbstwirksamkeitserleben sowie die Eigenverantwortlichkeit der Jugendlichen gestärkt. Machen Sie daraus aber kein Dogma! Auch das Erleben, selbst gar nichts tun zu müssen, sondern sich auf die Unterstützung oder Fürsorge anderer (z. B. Mitarbeiter*innen, Mitbewohner*innen, Spirits etc.) verlassen zu dürfen, kann Großes bewirken.

> Ein Junge, der nach einer Krebsdiagnose am Verzweifeln war, wurde vom Team in einem Ritual »über die Zeit der Chemotherapie getragen« und zwar tatsächlich, indem alle in zwei Reihen standen, die Arme verschränkten, der Junge sich darauf legen durfte und eine markierte Strecke getragen wurde. Es gab hier kein Heilungsversprechen und keinen Versuch, ein »Du wirst es überleben« auszudrücken. Die Erfahrung des Getragenwerdens war das wirksame Hauptelement.

Sie merken, die für ein Ritual gewählten Handlungen sind so vielfältig wie alle anderen pädagogischen Interventionen auch. Wichtig ist die Passung zum Kind/Jugendlichen, zur Situation, zur angestrebten Wirkung – und auch, dass Sie die Handlungen wahrhaftig mittragen können. Wenn Sie einen Teil des Rituals ablehnen, sollten Sie gut prüfen, was sich am Ritual ändern lässt oder ob nicht besser jemand anderes das Ritual mit dem Jugendlichen durchführt.

Dass alles, was Sie im Ritual tun oder anleiten ethisch vertretbar und legal sein sollte, ist eigentlich eine Selbstverständlichkeit. Jedoch kommt es immer wieder vor, dass vergessen wird, dass Rituale zwar einen Wirklichkeitsraum außerhalb der Alltagsrealität erschaffen, aber dennoch in diese eingebettet sind. Das Zufügen von körperlichen Schmerzen sowie die Nutzung von Alkohol oder anderen Drogen ist z. B. Teil von Ritualen vieler Religionen und spiritueller Richtungen, hat aber in der Kinder- und Jugendhilfe nichts verloren. Wenn also z. b. die Idee aufkommt, zur Versöhnung die Friedenspfeife zu rauchen, sollte sehr gut überprüft werden, ob es dafür einen legalen und gesundheitlich unbedenklichen Rahmen gibt oder ob nicht doch besser ein anderes Ritual gewählt wird. Alle Handlungen, die Demütigung, Ausgrenzung oder andere Formen von Gewalt beinhalten, sind in Ritualen genauso tabu wie in anderen Kontexten.

Auch die Art, wie eine Handlung ausgeführt wird, gilt es, der angestrebten Wirkung des Rituals anzupassen. Der Ruf des Muezzins (Gebetsruf im Islam) folgt einer bestimmten Melodie, Teile des katholischen Ritus werden in einer Art Sprechgesang gehalten, die Anrufung von Krafttieren, Schutzengeln oder anderen Spirits geschieht in der Regel kraftvoll, würdigend und/oder innig. Eine Schlüsselübergabe geschieht nicht einfach so, sondern der Schlüssel wird z. B. vom*von der Übergebenden langsam und achtsam in beiden Händen überreicht und der*die Empfänger*in nimmt ihn ebenso achtsam mit beiden Händen entgegen. Welchem Gefühl und welcher Wirkung soll eine Handlung gerecht werden? Wie lässt sich dies in der Art, wie die Handlung durchgeführt wird, ausdrücken? Achten Sie dabei auf den gesamten Körper und den Gesichtsausdruck. Je klarer das Gesamtbild dem Inhalt entspricht, desto stärker wird es wirken. Ein Ritual, das Begeisterung transportiert, wird also evtl. dieselben Handlungen beinhalten wie ein Trauerritual und dennoch komplett anders ausgeführt werden.

6.2.8 Körperlichkeit

Das »Erleben von Wirklichkeit« als Essenz von Ritualen schließt immer den Körper mit ein. »Der Leib und die Sinne sind die unerlässlichen Bedingungen und Voraussetzungen für rituelle Praktiken« (Baatz 2017, S. 119). Achten Sie deshalb darauf, Komponenten von Körperlichkeit in das Ritual zu integrieren. Das kann das Schmücken bzw. Schminken des Körpers an sich sein, körperliche Erfahrungen wie die Hitze des Feuers, der Duft von Räucherwerk, der Geschmack eines Ritualtrunks (z. B. heißer Holundersaft), Musik oder wie im zuvor dargestellten Beispiel das Getragenwerden. Wenn Sie eine Krafttierbegegnung anleiten (egal ob als Fantasiereise oder als reale Begegnung) ist es gut, diese so anzuleiten, dass das Erleben gefördert wird. Beispiele dafür sind: »Streiche über das weiche Fell des Wiesels und genieße die gegenseitige Nähe«; »Schaue dem Elefant direkt in die Augen und erlebe, wie sich dies anfühlt«; »Vielleicht lädt dich der Adler ein, mit ihm zu fliegen. Spüre, wie dieser dich trägt, wie die kühle Luft dich umspült und höre das fast lautlose Geräusch der Schwingen«. Berührt zu werden, Erde spüren, mit Wasser besprengt zu werden, Barfuß stehen oder etwas tun, bei dem man die eigene Kraft spürt, sind weitere Möglichkeiten. Tanzschritte, klatschen, gemeinsames Singen etc., es gibt so viele Ebenen, den Körper direkt mit einzubeziehen. Die Übergabe des Abschlusszeugnisses kann beinhalten, dass alle Absolvent*innen nacheinander aufstehen, auf die Bühne oder ein Podest steigen, mit Händedruck gratuliert bekommen und das Zeugnis in einer schönen Rolle erhalten. Alles, was unmittelbar sinnlich erlebt wird, ist prinzipiell geeignet. Deshalb ist es auch wertvoll, wenn alle Teilnehmenden des Rituals selbst etwas tun und nicht nur innerlich beteiligt sind.

6.2.9 Verstand und Bedeutungsgebung

Erleben und Erfahrung schließt den Verstand mit ein. Es ist hilfreich, wenn die Teilnehmenden genügend Erklärung erhalten, um das Ritualgeschehen auch gedanklich einordnen zu können (→ 6.1.1). Meist ist der beste Zeitpunkt dafür vor dem Ritual. Bei komplexeren Abläufen kann dann während des Rituals nochmal kurz Bezug auf die Bedeutung genommen werden, z. B. »Wir übergeben jetzt das Weaver-Bundle (→ Kapitel 7.3) der Erde, alles darin, das vergehen soll, wird zu Humus zersetzt, der den Samen, die aufgehen sollen, die nötigen Nährstoffe liefert.« Die Atmosphäre trägt wesentlich dazu bei, ob ein Ritual als beliebig oder bedeutsam erlebt wird.

6.2.10 Symbole

Symbole können eine überaus starke Wirkung haben und werden deswegen von wahrscheinlich allen Gruppen weltweit genutzt. Sie werden als »wirkungsvolle Zeichen für einen Begriff oder Vorgang« definiert (Wahrig 2012). Manche sehen in Symbolen Hinweise auf etwas, das gewünscht wird, aber nicht da ist. Eine symbolische Tötung ist kein wirklicher Mord, eine symbolische Reinigung macht nicht wirklich sauber. Andere gehen davon aus, dass Symbole etwas so stark repräsentieren, dass es tatsächlich gegenwärtig ist. In diesem Sinne kann das Transzendente durch Symbole präsent sein (vgl. Baatz 2017). In der römisch-katholischen Lehre ist z. B. die gewandelte Hostie nicht nur Repräsentant, sondern Jesus ist in ihr wirklich gegenwärtig. Im Reiki wird bestimmten Symbolen eine eigene Wirkkraft zugeschrieben. Es gibt in dieser Wirklichkeit z. B. Symbole, die bewirken, dass Energien zu Menschen fließen, die weit entfernt sind (vgl. Hosak 2016). Ähnliches gilt für viele andere spirituelle Richtungen und Religionen.

Dass Symbole starke Reaktionen hervorrufen können, lässt sich gut daran aufzeigen, welch starke Gefühle z. B. das Hakenkreuz bis heute hervorruft oder wie sehr die Regenbogenflagge der LSBTIQ*-Bewegung von bestimmten Gruppierungen gehasst wird. Der Regenbogen macht deutlich, dass ein und dasselbe Symbol für ganz Unterschiedliches stehen kann. Im christlichen Kontext steht er für den Bund zwischen Gott und Mensch, bei Greenpeace für die Verbindung von Mensch und Umwelt, in der LSBTIQ*-Bewegung für Toleranz sowie das eigene Selbstbewusstsein. Daher ist wichtig, zu beachten, was die Symbole für die Jugendlichen bedeuten. Die einen fühlen sich beim Läuten von Kirchenglocken heimelig, andere bedroht. Für die einen ist der Halbmond ein Symbol des Allgütigen, für andere steht er für einen Aspekt der Göttin und für wieder andere ist er ein Zeichen der Unterdrückung.

In Ritualen lassen sich Symbole auf allen zuvor genannten Wirkebenen nutzen: Als Zeichen, das starke Emotionen und vielfältige Assoziationen auslöst; als Bild für etwas, an das erinnert wird; als Hinweis auf die Gegenwart bzw. Wirkung eines Spirits oder einer Kraft; als aus sich heraus wirkendes Element oder als Verkörperung dessen, was dargestellt ist. Behalten Sie im Blick, was durch das Ritual bewirkt werden soll und wie sich die Wirklichkeit der Jugendlichen gestaltet. Dann erschließt sich schnell, welche Symbole auf welche

Art verwendet werden können. Symbole wirken dabei immer auf mehreren Ebenen gleichzeitig und umfassen meist mehr, als den Ritualleiter*innen bewusst ist.

Sofern ein Symbol für den*die Jugendliche*n nicht bereits eindeutig besetzt ist, kann eine gute Erklärung erreichen, dass er*sie dieses in dem Sinne erlebt, wie es erklärt wurde. Ein Ritualfeuer kann so zum Freudenfeuer werden, zur transformatorischen Kraft, zum Sinnbild für Licht, Reinigung oder Gemeinschaft, aber genauso gut für Gewalt oder Zerstörung. Je nachdem, wofür also »Feuer« im Ritual steht, kann es ganz unterschiedlich eingesetzt werden.

> In einem Anti-Gewalt-Training haben die Jugendlichen ein großes Feuer, das für ihre Gewaltbereitschaft stand, gemeinsam gelöscht. Zu den Sonnwenden werden vielerorts Feuer entzündet, um »das Licht« zu feiern. Eine Kerze am Geburtstagstisch feiert die Lebenskraft des Jubilars. Immer wieder bewährt sich Feuer-Springen (→ Kapitel 7.9) als Ritual dafür, wofür Jugendliche »durchs Feuer gehen«. Ein Bild Gandhis kann für Friedfertigkeit stehen (und/oder dazu beitragen, dass Jugendliche sich friedlicher Verhalten). Die von der Oma gestrickten Socken können deren Gegenwart noch weit über den Tod hinaus erfahrbar machen, das Tragen der Vereinsfarben kann bewirken, sich als Teil einer großen Gemeinschaft zu fühlen. Bestimmte Speisen oder Getränke können symbolisieren (oder, je nach Wirklichkeit der Jugendlichen, bewirken), dass bestimmte·Kräfte tatsächlich verinnerlicht werden. All das – und so viel mehr – kann in Ritualen genutzt werden.

Einige Symbole gelten als universell, da ihnen in den meisten Kulturen eine ähnliche Bedeutung zugeschrieben wird. Der Kreis steht für Gemeinschaft aber auch für wiederkehrende Rhythmen wie die Jahreszeiten. Wasser steht für Reinigung ebenso wie für Leben. Erde bzw. der Erdboden für Stabilität, Feuer für Lebenskraft oder auch die Präsenz des Göttlichen. Mehr dazu finden Sie in allen einschlägigen Symbollexika. In diesem Sinne können sie oft universell in Gruppen genutzt werden. Prüfen Sie dennoch immer ab, welche Bedeutung auch scheinbar universelle Symbole für die*den Einzelne*n haben. Mir ist einmal ein eigentlich recht simples Feuer-Ritual aus dem

Ruder gelaufen, weil für eine Teilnehmende »Feuer« im rituellen Kontext ausschließlich für Höllenfeuer und die Macht des Teufels stand. Beachten Sie auch, dass unterschiedliche Religionen unterschiedlich mit Symbolen umgehen. Für die meisten Christen sind z. B. bildliche Darstellungen von Gott, Jesus, Heiligen oder anderen Menschen normal und werden oft genug als heilig erlebt. Für die meisten Muslime dürfen der Prophet und Allah nicht bildlich dargestellt werden. Der kalligraphisch geschriebene Gottesname dagegen ist ein mächtiges Symbol. In Moscheen und an anderen Orten, an denen gebetet wird, sind Abbildungen von Menschen nicht gestattet.

6.2.11 Steine und Pflanzen

Sowohl Steine als auch Pflanzen werden in den meisten Kulturen für rituelle Zwecke genutzt. Sie können z. B. den Raum schmücken, auf den Altar gelegt werden, am Körper getragen oder – bei genügend Fachwissen – für Waschungen, Räucherungen, Ritualgetränke oder Ritualspeisen verwendet werden. Auch diesbezüglich werden unterschiedliche Wirkebenen beschrieben. So symbolisiert Bergkristall für die einen Klarheit und spirituelle Anbindung, für andere bewirkt er dieses. Ähnliches gilt für Pflanzen, deren Wirkung z. B. aus wissenschaftlichen Versuchsreihen und/oder der biochemischen Zusammensetzung[19], der Mythologie oder aus Erfahrungswerten (wie z. B. in der Volksmedizin) hergeleitet wird. Falls Sie Pflanzen oder Steine nutzen wollen, gibt es diesbezüglich viele Ratgeber. Für Steine kann ich Hall (2005) empfehlen und für Pflanzenräucherungen Bader (2008).

6.2.12 Musik

Musik rührt uns zu Tränen, löst Gänsehaut aus, peitscht auf oder entspannt. Nicht umsonst ist sie Bestandteil jeder einzelnen Kultur und somit ein ähnlich universeller Bestandteil des Menschseins wie Sprache oder Tanz. Spingte und Droh (2012), Bernatzky und Kreutz (2015) sowie Kölsch (2019) belegen vielfältige Wirkungen und Wirkmechanismen von Musik: Musik aktiviert das Belohnungssystem im

---

19 Darauf beziehen sich in der Regel die Ärzt*innen für Naturheilverfahren.

Gehirn besonders leicht und synchronisiert Vorgänge in Gruppen (z. B. Herz- und Atemfrequenz, EEG-Muster, Oxytocin-Ausstoß, aber auch Körperbewegungen und Gefühle). Dadurch ist Musik ein ideales Instrument, um positive Gruppenerlebnisse zu erzeugen. Musik wirkt auf allen Ebenen des Gehirns. Sie ist unmittelbar mit Emotionen verbunden, weckt Erinnerungen und hilft beim Abspeichern neuer Erfahrungen. So kann sie wesentlich dazu beitragen, dass Rituale tief erlebt werden und nachhaltig wirken. Musikalische Rituale, wie gemeinsames, Singen, Tanzen, Händeklatschen, Rasseln oder Trommeln, stärken das Gemeinschaftsgefühl und demonstrieren Außenstehenden: »Wir sind stark und halten zusammen!« Dies drückt sich bis heute in Stadiongesängen, religiösen Liedern und Nationalhymnen aus. Zudem ist Musik eines der einfachsten Mittel, um eine bestimmte Atmosphäre zu gestalten.

Ein Großteil der zuvor beschriebenen Wirkungen tritt bereits ein, wenn Sie Musik (leise oder dominant) im Hintergrund laufen lassen. Je aktiver sich die Jugendlichen an der Musik beteiligen, desto mehr wird dies noch verstärkt. Dies kann durch Klatschen, Rasseln oder ähnliche Rhythmusinstrumente geschehen, durch angeleitete Bewegungen zur Musik bis hin zum Tanz oder dem gemeinsamen Summen bzw. Singen. Falls Sie sich vor Bewegungen scheuen, bedenken Sie, dass es regelmäßig Modetänze gibt, die plötzlich alle kennen und ausführen (ob »Ententanz«, »Komm, hol das Lasso raus« oder »Macarena«). Für Kinder ist Singen und Tanzen meist selbstverständlich und ohne weiteres anzuleiten. Bei Jugendlichen ist es oft gut, vorab etwas zu üben, um Schamgrenzen abzubauen und Sicherheit zu geben. Zum gemeinsamen Singen eignen sich vor allem einfache, einprägsame Melodien, wie z. B. Kanons oder aber Lieder bzw. Melodien, welche die Jugendlichen gerne und oft hören. Mit etwas Geduld finden sich in den Charts der letzten Jahre oft Lieder, die sich für ein geplantes Ritual eignen. Ebenso hat sich bewährt, einen passenden Text für vertraute Melodien zu entwerfen. Die Melodie von »Hejo, spann den Wagen« z. B. ist sehr einprägsam und wurde von den verschiedensten Gruppierungen für ihre Zwecke neu betextet. Die Melodien vieler Taizé-Lieder eignen sich für eher ruhige Rituale. Bossinger und Friedrich (2013) geben eine gut umsetzbare Anleitung zum

»Chanten«, einer in vielen Kulturen bekannten Ritualgesangsform (→ Kapitel 7.18). Musik – ob aus der Konserve oder aktiv gestaltet – ist bei Ritualen immer Werkzeug. Sie sollte so gewählt werden, dass sie die angestrebte Wirkung unterstützt. Wägen Sie also ab, ob Sie gemeinsames Musizieren anleiten, weil dieses umso stärkere Effekte hat, oder ob dieses so viel Aufmerksamkeit binden oder so viel Widerstand wecken würde, dass Musik aus der Konserve wirkungsvoller ist.

6.2.13 Spirits, Kräfte und Energien

Viele Jugendliche haben irgendeine Vorstellung davon, dass (wohlmeinende) nicht körperliche Wesen und/oder Kräfte existieren. Rituale wirken umso stärker, wenn solche Kräfte oder Spirits Teil des Rituals sind. Ein Kind, das überzeugt ist, dass »das Universum« für ihn sorgt, wird ein Ritual als umso stärker erleben, wenn z. B. »die Kräfte des Universums« um Hilfe gebeten werden. Für eine*n christliche*n oder muslimische*n Jugendliche*n kann ein Gebet zentraler Teil des Rituals sein. Wenn Jugendliche an Elfen oder andere Naturwesen glauben, kann es Teil des Rituals sein, mit diesen in Kontakt zu treten. Ein junger Mensch, der überzeugt ist, dass seine verstorbene Mutter noch bei ihm ist, kann davon profitieren, wenn diese in das Ritual einbezogen wird. Falls es sich dabei um Fantasieprodukte handelt, sind diese dennoch Teil der Wirklichkeit der Jugendlichen und somit wirksam. Falls diese tatsächlich existieren, sind sie echte und potenziell hilfreiche Gegenüber. Deren Hilfe auszuschließen, wäre dann nicht sinnvoll. Viele Jugendliche sind bezüglich spiritueller Welten und Spirits nicht festgelegt und probieren gerne das eine oder andere aus. Wenn Sie Bezug zu einem Spirit oder entsprechenden Energien haben, fragen Sie nach, was die Jugendlichen davon halten, wenn diese Teil des Rituals sind.

Für ein Ritual waren wir auf einem Hügel mit heftigen Winden. Die Jugendlichen wurden angeleitet, sich direkt in den Wind zu stellen, sodass dieser alles hochwirbelt, was gerade bewusst werden soll. Eine Kollegin hat gute Erfahrungen damit, »die Hüter der vier Himmelsrichtungen« vor Ritualen anzurufen und um Schutz und Führung zu bitten. Dieses Konzept ist so unspezifisch, dass viele Jugendliche es in die eigene Wirklichkeit integrieren können.

Dass Sie keine Kräfte oder Wesen einladen/nutzen/anrufen, die von mindestens einem Teilnehmenden abgelehnt werden, sollte selbstverständlich sein. Ich persönlich bin bereit, mit jedem wohlmeinenden Spirit in Kontakt zu treten, falls ein betreuter junger Mensch dies wünscht. Das gemeinsame Beten zu bzw. anrufen eines Spirits (z. B. Gott, Engel, Shiva) kann für Betreute ermächtigend wirken und die Gemeinschaft fördern. Andererseits wäre es manchen Kindern oder Jugendlichen nicht recht, wenn jemand, der nicht ihrer Glaubensrichtung angehört, mit deren Spirits in Kontakt geht. Auch gilt es, zu prüfen, ob eine Religion es z. B. verbietet, dass Nichtangehörige dieser Religion mit deren Spirits in Kontakt gehen. Klären Sie also ab, welche Spirits und/oder Energien im Ritual für die Betreuten wichtig bzw. sinnvoll sind, und auf welche Weise diese evtl. ins Ritual eingebunden werden können. In Kapitel 7 (z. B. 7.4/7.7/7.8) finden Sie dazu noch einige Anregungen.

6.2.14 Gaben versus Opfer

In so gut wie allen Fernsehdokumentationen (und den meisten Fachveröffentlichungen) über Rituale werden irgendwann »Opfergaben« angesprochen, die dazu notwendig seien, Gottheiten oder ähnliche Spirits gnädig zu stimmen. Dabei wird völlig übersehen, dass es ein ganz normales Verhalten ist, mit einem Geschenk Zuneigung auszudrücken, ein Ereignis zu würdigen oder Danke zu sagen. Häufig ist dies die Motivation für rituelle Gaben. Wir opfern ja auch nicht dem Geburtstagskind, um es gnädig zu stimmen. Spirituelle Richtungen, in denen Opfer notwendig sind, setzen einen zumindest potenziell ungnädigen Spirit voraus, der gnädig gestimmt werden muss. Treffen Sie auf solche Wirklichkeiten, prüfen Sie gut, da diese meist als Risikofaktoren behandelt werden sollten (→ Kapitel 2.6). Erleben die Kinder die Unterstützung von Spirits oder Energien bzw. bitten diese um Hilfe, ist es schlichtweg höflich, sich entsprechend zu bedanken oder diese auf andere Art zu ehren. Viele Jugendliche haben auch das ganz gesunde Bedürfnis, so etwas zu tun. Daher können Gaben wertvolle Elemente eines Rituals sein. Bei einem Schulabschlussritual kann z. B. überlegt werden, wer alles zum Abschluss beigetragen hat und welche Gabe Dank dafür ausdrücken kann. Menschen kann man einfach Danke sagen, eine Blume schenken oder ihnen einen

Brief schreiben. Dasselbe gilt für Spirits. Bedenken Sie dabei auch, dass es für viele kein schönes Gefühl ist, immer nur die Empfangenden zu sein. Da die meisten Jugendlichen Gott oder anderen Spirits mehr Kräfte und Möglichkeiten zusprechen als sich selbst, ist es in der Regel so, dass die Jugendlichen überwiegend oder ausschließlich die »Hilfsempfänger« sind. Gaben, ausgesprochener Dank oder andere Arten der Würdigung schaffen einen Ausgleich und stärken so Selbstwert und Selbstwirksamkeitserleben.

Halten Sie ein Ritual an einem geweihten Platz (z. B. Kirche oder Steinkreis) ab, kann es eine gute Idee sein, dem Spirit, dem dieser Ort geweiht ist, eine Dankesgabe zu geben, z. B. in Form einer Räucherung, selbstgebastelten Geschenken, Blumen, einem Lied oder mit Feuer (egal ob Kerze oder Lagerfeuer). Auch eine ehemalige Pflegefamilie, zu der kein Kontakt mehr hergestellt werden kann, kann z. B. gewürdigt werden, indem ein Symbol für diese aufgestellt wird und Rosenblüten darum gestreut werden. Als Dank an »Mutter Erde« einen Baum zu pflanzen, kann ebenso angemessen sein, wie ihr ein Lied zu singen oder im Stillen »Danke« zu sagen.

6.2.15 Speisen und Getränke

In allen Religionen und spirituellen Richtungen gibt es rituelle Speisen und Getränke. Neujahrsbrezel, Fastnachtskrapfen, 9-Kräutersuppe zu Gründonnerstag oder die Maibowle sind einige Beispiele dafür. Mit etwas Internetrecherche finden Sie zu allen Festen der großen Religionen traditionelle und/oder rituelle Speisen und Getränke. Und natürlich können Sie die Betreuten (oder deren Eltern) fragen, welche Nahrungsmittel zu welchem Anlass traditionell sind. Diese können dann direkt im Ritual oder bei einer zugehörigen Feier verwendet werden. Es kann aber auch z. B. ein Kelch mit Quellwasser herumgereicht werden, und jede*r erhält einen Schluck vom »Wasser des Lebens«.

Speisen und Getränke können natürlich auch gezielt hergestellt werden. Rose steht z. B. für Liebe. Eine Mischung aus Rosensirup und Mineralwasser, Brote mit Rosengelee oder Rosensalz können verwendet werden, wenn die Kraft der Liebe im Ritual eine Rolle spielen soll (z. B. bei Versöhnungsritualen oder solchen zum Gemeinschaftserleben). Eine Suppe aus Wurzelgemüse kann für Verbindung zur Erde genutzt werden und scharfe Gewürze dafür, um etwas zu befeuern. Eine weitere Möglichkeit sind besondere Formen, etwa sonnen- oder sternförmiges Gebäck oder andere Symbole wie Glücksschweine oder Kleeblätter zu Silvester. Falls gewünscht, können spirituelle Symbole ins Gebäck eingeritzt oder mit Zuckerguss, Lebensmittelfarbe oder ähnlichem auf diese gemalt werden. Speisen und Getränke können durch Segnung oder dadurch, dass bei der Herstellung gechantet wird (→ Kapitel 7.18), zu Ritualspeisen werden.

Sie können Speisen und Getränke auch energetisieren, indem sie »besonders sind« und nur zu diesem Anlass zur Verfügung stehen. Dann gibt es den speziellen Walnusskuchen nur zur Schulabschlussfeier, die Froschbowle (Waldmeistersirup, in dem Frösche aus Weingummi schwimmen) ausschließlich zur Frühjahrsfeier oder Glühapfelsaft (heißer Apfelsaft mit Glühweingewürz) nur zur Wintersonnenwende. Bei Wüschner (2004)[20] finden Sie Anregungen dafür, welche Pflanzen für welche Inhalte genutzt werden können.

6.2.16 Feiern als Wohltat für Körper Geist und Seele

Lebensfreude ist einer der wichtigsten Resilienzfaktoren. Alles, was Sie rituell begehen, lässt sich entweder schon im Ritual als Feier gestalten oder mit einem Fest danach verbinden. Dies ist kein notwendiger Bestandteil von Ritualen aber ein schöner und oft wirksamer. Ob Leichenschmaus, Hochzeitsessen, Tanz in den Mai oder die Bescherung an Weihnachten; unsere Kultur bietet genügend Beispiele dafür, wie wichtige Ereignisse als Anlass für Festliches genutzt werden. Ob sich eine Feier nach dem Ritual im gemeinsamen Schokokussessen ausdrückt, einem rauschenden Fest, einem Discoabend, einer Wasserschlacht oder einer Runde mit Keksen und Kakao hängt von Gruppe und Anlass ab. Rituale dienen dazu, aus der Alltagswirklichkeit in eine Wirklichkeit zu treten, die eine Veränderung bewirkt. Eine abschließende Feier kann den Übergang in die alltägliche Wirklichkeit erleichtern. Nicht umsonst heißt es: »Essen und Trinken hält Leib

---

20 Dieses Buch wird derzeit nicht neu aufgelegt. Es sind aber noch neue wie gebrauchte Exemplare erhältlich.

und Seele zusammen«. Gemeinsam sich selbst, das Leben, ein Ereignis, eine Person oder einen Spirit zu feiern, wirkt selbstwertsteigernd, fördert Lebensfreude und stärkt das Zusammengehörigkeitsgefühl. Wo immer es passt, empfiehlt sich daher auch ein Element des Feierns mit einem Ritual zu verbinden. Sie alle kennen genügend Feste und Feiern, um passende Feier-Elemente für ein geplantes Ritual zu entwickeln.

6.3 Rituale und gemischt spirituelle Gruppen

Falls Sie eine Gruppe mit gemischten spirituellen Wirklichkeiten haben, ist es sinnvoll, die jeweiligen Wirklichkeiten ernst zu nehmen und zumindest ansatzweise kennenzulernen (→ Kapitel 4.1). Auf diesem Hintergrund lässt sich besprechen, auf welche Inhalte, Rahmensetzungen und Handlungen sich alle einigen können. Meistens gibt es mehrere Wirkebenen, die alle anerkennen können. In den restlichen Fällen kann meistens angeleitet werden, dass jede*r Teilnehmende sich auf diejenigen Wirkebenen konzentriert, die ihr bedeutsam sind. In Kapitel 7.4 wird deutlich, wie der Holunder als ein Symbol gewählt wurde, das bei allen Beteiligten zu deren Wirklichkeit passte. Ähnlich kann mit anderen Symbolen, wie z. B. Kelch, Wasser, oder Stern, gearbeitet werden. Mit wenigen Ausnahmen sind die Teilnehmenden üblicherweise dafür zu gewinnen, dass jede*r für sich die Spirits in ein Ritual einbinden kann, die ihm wichtig sind. So können z. B. Dankesgaben abgelegt werden und jede*r dankt den Spirits, die ihm nahestehen oder auch »dem Leben«, den Eltern, den Freunden oder sich selbst.

Schwierig wird es, wenn Sie sich aufgrund eigener Überzeugungen schwer tun, Wesen und Kräfte anzuerkennen, welche für die Betreuten wichtig sind. So kenne ich z. B. Christen, die alle spirituellen Wesen außer Gott, Jesus und die christlichen Engel für böse halten. Andere Kolleg*innen wiederum lehnen alles Christliche kategorisch ab. Andere verziehen höhnisch das Gesicht, wenn jedwede Spirits als real wahrgenommen werden. Einerseits sollten Sie sich nicht zwingen, gegen Ihre eigenen spirituellen Werte zu handeln, andererseits haben Sie die Aufgabe, die Kinder und Jugendlichen in DEREN spiritueller Entwicklung zu fördern (→ Kapitel 2.1). Setzen Sie sich in solchen Fällen damit auseinander, wie sie private Überzeugungen und

Ihren Arbeitsauftrag miteinander in Einklang bringen können. Eine Möglichkeit ist z. B., dass andere Teammitglieder diese Aufgabe übernehmen und Sie sich zurückhalten. Eine andere ist, zu überprüfen, ob es einen gemeinsamen Nenner gibt. In vielen Gruppen habe ich gute Erfahrungen gemacht, wenn etwa »der gute Spirit«, »das Göttliche« oder »alle guten Geister« angesprochen werden. Oder im Ritual gibt es eine Stelle, an der jede*r, die*der will, sich mit den Spirits in Verbindung setzen kann, die ihm*ihr wichtig sind. Das explizite Einbeziehen von Spirits und/oder Energien ist keine Notwendigkeit für ein Ritual. Sind diese jedoch Teil der Wirklichkeit eines Kindes, benötigt es gute Gründe dafür, diese Ressource nicht zu nutzen.

6.4 Hilfreiche Rahmensetzungen

6.4.1 Freiwilligkeit

Rituale sollten für alle Teilnehmenden freiwillig sein. Jugendliche, die zur Teilnahme gezwungen werden, erleben seltenst eine positiv wirksame Wirklichkeit und stören meist auch die anderen. Zwang, sich einer spirituellen Aktivität zu unterwerfen, welche der eigenen Spiritualität widerspricht, gilt als Risikofaktor (→ Kapitel 2.6). Dies gilt ggf. auch schon für ein Tischgebet. Klären Sie im Vorfeld, was der Spiritualität der Kinder entspricht und wo Grenzen liegen.

Ein Kollege hatte einmal eine Gruppe extrem gegen sich aufgebracht, da er (unabgesprochen) als Teil eines Rituals einführte, dass die Jugendlichen jetzt »das Antlitz Gottes« sehen. Alle Jugendlichen waren überzeugt christlich und das »Antlitz Gottes« zu sehen war für Sie so heilig, dass es im aktuellen Ritualrahmen von diesen als völlig unangemessen wahrgenommen wurde.

6.4.2 Sich einlassen können

Rituale sind für viele Mitarbeitenden wie auch Kinder zunächst fremd und ungewohnt. Um sich wirklich darauf einlassen zu können, ist eine gute Vorbereitung hilfreich. Erklären Sie, worum es geht, zeigen Sie verschiedene Wirkebenen auf und helfen Sie allen Beteiligten, eine Vorstellung davon zu erhalten, dass ein geplantes Ritual sinnvoll sein kann. Erklären Sie die Vorgänge auch so, dass alle sicher sind, diese ausführen zu können und wann sie dies tun sollen. Oft ist es gut, alle Schritte im Voraus zu erklären und zusätzlich anzukündigen, dass Sie jede einzelne Aktivität ansagen, sodass alle Teilnehmenden sich auf das aktuelle Geschehen einlassen können, statt sich darauf zu konzentrieren, zum richtigen Zeitpunkt das Richtige zu machen. Für Sie heißt das, dass Sie den Ablauf entweder sicher auswendig können oder so aufgeschrieben haben, dass Sie schnell (und ohne die Atmosphäre des Rituals zu verlassen) nachschauen können. Sorgen Sie möglichst für Störungsfreiheit. Leiten Sie die Kinder und Mitarbeiter*innen (!) an, Handys ganz auszuschalten oder gar nicht erst mitzunehmen. Dass nebenher kein Fernseher oder Radio läuft, sollte selbstverständlich sein. Evtl. ist es sinnvoll, ein »Bitte-nicht-stören-Schild« an die Tür des Raums oder die Gruppeneingangstür zu heften. Sagen Sie an, dass alle vorab zur Toilette sollen und rechnen Sie die Zeit dafür ein. Manche Gruppen benötigen im Vorfeld 5–15 Minuten, um zur Ruhe zu kommen. Wenn Sie diese Zeit einplanen, geraten weder Sie noch die Jugendlichen dadurch unter Druck.

Leiten Sie alle Teilnehmenden dazu an »Raum zu halten«. Dies bedeutet, mit der Konzentration so gut wie möglich beim Ritualgeschehen zu bleiben; und wenn man bemerkt, dass man gedanklich abschweift, die Aufmerksamkeit wieder auf das Ritual zu richten. Dies trägt ungemein zur Atmosphäre bei. Selbst wenn ein*e Jugendliche*r selbst keinen großen Wert auf das Ritual legt, kann sie*er durch »Raum halten« alle, denen das Ritual wichtig ist, unterstützen und so einen wertvollen Beitrag leisten.

Speziell Jugendlichen ist es oft peinlich, bei ungewöhnlichem oder intimem Verhalten beobachtet zu werden. Es ist daher sinnvoll, einen Ort und eine Zeit zu wählen, an dem wahrscheinlich keine unbeteiligten Beobachter*innen zu erwarten sind. Wählen Sie zudem eine Zeit, zu der die Jugendlichen nicht viel lieber etwas anderes tun würden (wenn z. B. deren Lieblingssendung im Fernsehen kommt oder eigentlich Fußballtraining oder Jazztanzgruppe wäre). Zudem sollten Sie die Zeit so planen, dass alle Beteiligten wissen, dass sie mögliche Folgetermine sicher rechtzeitig erreichen.

6.4.3 Struktur halten

»Raum halten« (→ Kapitel 6.4.2) ist auch eine der zentralen Aufgaben von Ihnen als Ritualleiter. Je besser Sie dies schaffen, desto wahrscheinlicher ist es, dass alle anderen Ihnen folgen. Überlegen Sie sich, wie Sie für sich eine Wirklichkeit aufbauen können, die der entspricht, die Sie im Ritual erzeugen wollen. Soll es »heilig« sein, wie komme ich in eine heilige Stimmung. Soll das Leben gefeiert werden, wie bekomme ich Zugang zu meiner Lebensfreude. Damit Sie ganz dabei sein können, sollten Sie zudem den Ablauf klar haben. Wichtig ist auch, dass alle Utensilien sich genau dort befinden, wo Sie (oder andere Akteur*innen) diese benötigen. Ob Streichhölzer, ein Unterteller für eine tropfende Kerze, oder die Fernbedienung für ein Musikgerät. Alles, was dazu führen würde, dass Ihre Aufmerksamkeit weg vom Ritualgeschehen geht, oder Sie gar die Gruppe verlassen müssen, sollten Sie so gut wie möglich vorhersehen und vermeiden. Rituale haben einen Beginn und ein Ende. Dies ist einer der Aspekte, welcher erlaubt, für die Ritualzeit in eine andere, wirksame Wirklichkeit zu treten. Seien Sie daher gut vorbereitet: Mit welchen Handlungen, Gesten Worten usw. wollen Sie das Ritual eröffnen und – ebenso wichtig – beenden? Anfänger*innen vernachlässigen oft, das Ende gut anzuleiten und sind dann enttäuscht, wenn die Ritualenergie verpufft.

Rituale entwickeln oft genug ihre eigene Dynamik. Auch bei sorgfältigster Planung können Dynamiken auftreten, die es erforderlich machen, das Ritual ganz anders fortzuführen als geplant. Bleiben Sie daher offen für Unerwartetes, um dann professionell flexibel darauf reagieren zu können. Gute Rituale entfalten oft einen eigenen Zauber, der berührt und ergreift. Für viele ist es eine tiefe Freude, einmal – oder immer wieder – diesen Zauber erleben zu dürfen. Ich hoffe, die Ausführungen hier tragen dazu bei, dass Sie und Ihre Betreuten Freude an Ritualen haben.

6.5 Tabus

In diversen spirituellen Kontexten gibt es Inhalte und Ritualelemente, die dort evtl. sinnvoll sind und ihren Platz haben, aber sicher nicht

in ein Ritual der Kinder- und Jugendhilfe gehören. Die wichtigsten Regeln hierzu lauten:
- Verwenden Sie keine Rauschmittel!
- Leiten Sie keine Rituale an, die in irgendeiner Form Gewalt enthalten, also z. B. anderen schaden sollen, Verletzungen des Körpers, Ausgrenzungen oder Demütigungen beinhalten!
- Führen Sie keine spirituellen Initiationen durch![21]
- Leiten Sie keine »Blutrituale« an, bei denen z. B. ein Tier geschlachtet wird oder menschliches Blut verwendet wird!
- Leiten Sie keine sogenannte »Ritualmagie« an, wie z. B. Liebes- oder Vergeltungszauber!
- Rufen Sie im Ritual keine nicht wohlwollenden Spirits oder Energien an bzw. stellen den Kontakt zu diesen her!

Kinder und Jugendliche sind in der Regel neugierig und offen für spirituelle Erfahrungen –, auch wenn diese aus einer Religion bzw. spirituellen Richtung kommen, die nicht die eigene ist. Es ist wertvoll, auch Rituale mit spirituellen Hintergründen oder aus spirituellen Richtungen, welche den Kindern fremd sind, anzubieten. Wichtig ist, dass die Teilnahme freiwillig ist und die spirituelle Ausrichtung der Betreuten achtet. Zwang, spirituelle Handlungen auszuführen, welche den eigenen (spirituellen) Werten widersprechen, gilt als Risikofaktor (vgl. Bucher 2007).

6.6 Auf einen Blick

5 Phasen eines Rituals
- Vorbereitung
- Loslösung vom Alltag und in Stimmung kommen
- Das Ritual an sich
- Abschluss und Rückkehr in den Alltag
- Nachklang

---

21 Falls Sie in einer spirituellen Richtung/Religion, eine Ausbildung bzw. ein Amt als »Initiator*in« haben, ist es dennoch so gut wie immer sinnvoll, dies nicht mit der professionell pädagogischen Rolle zu mischen.

Zentrale Ritualbausteine
- Atmosphäre
- Besonderheit von Zeit, Ort, Anwesenden, Kleidung, Handlungen und Gesten
- Einbeziehung von Körper, Geist und Seele
- Symbole
- Steine und Pflanzen
- Musik
- Spirits, Kräfte und Energien
- Gaben
- Speisen und Getränke
- Feiern

Rituale und gemischt spirituelle Gruppen
- Erfragen Sie das Bedeutsame der spirituellen Wirklichkeiten
- Finden Sie Gemeinsames

ODER
- Lassen Sie Raum den jede*r mit dem Eigenen füllen kann

Hilfreiche Rahmensetzungen
- Die Ritualteilnahme ist freiwillig
- Wichtig ist, dass Jugendliche sich einlassen können
- Rituale benötigen eine klare Struktur

Tabus
- keine Rauschmittel
- keine Gewalt
- keine spirituellen Initiationen
- keine Blutrituale
- keine Ritualmagie
- keine ungnädigen Spirits

7 Rituale für die Kinder- und Jugendhilfe

»Dort oben leuchten die Sterne. Hier unten leuchten wir.«
(Kinderlied)

Die hier vorgestellten Rituale können direkt übernommen oder den eigenen Bedürfnissen angepasst werden. Die meisten Rituale sind aus mehreren Quellen entstanden oder von mir bzw. im Team neu entwickelt worden. Wo eine einzelne Quelle benannt werden kann, wird dies getan. Jedes der Rituale kann genau wie beschrieben oder abgewandelt für unterschiedliche Inhalte und Ziele genutzt werden. In Ritualen schwingen zudem immer viele Ebenen und Themen an. Da also jedes Ritual für unterschiedliche Themen genutzt werden kann, ist es nicht sinnvoll, diese Vielfalt durch eine scheinbar thematische Ordnung zu begrenzen. Dies regt dazu an, selbst zu erkunden, welches der Rituale für einen von Ihnen gewählten Kontext passend ist oder für diesen abgewandelt werden kann. Tabelle 3 benennt Beispielthemen für die die einzelnen Rituale genutzt werden können. Auch wenn die meisten Rituale für Kinder und Jugendliche beschrieben sind, lassen sie sich genauso gut für die Elternarbeit, Teamprozesse und andere Kontexte anwenden. Bitte beachten Sie dabei die folgenden Punkte:

- In den beiden vorausgehenden Kapiteln wird der Rahmen beschrieben, innerhalb dessen diese Rituale sinnvoll sind. Machen Sie sich mit diesen vertraut, bevor Sie mit Jugendlichen Rituale durchführen. Ohne diese Einbettung und die dadurch entstehende Atmosphäre können die Vorgehensweisen wirksame Übungen sein, entfalten aber nicht die Kraft eines Rituals.
- Rituale bestehen aus den fünf beschriebenen Phasen (→ Kapitel 6.1). Viele der nachfolgenden Rituale beschreiben nur die dritte Phase. Betten Sie diese dann in die weiteren vier Schritte ein. So kann z. B., um in Stimmung zu kommen oder als Abschluss, Instrumentalmusik laufen, gechanted oder geschwiegen werden.
- Rituale können sehr viel in Bewegung setzen. Achten Sie deshalb darauf, welche Vor- oder Nachbereitung für ein bestimmtes Ritual und die Teilnehmenden notwendig sind. So empfehle ich,

Rituale, wie z. B. Motherstick (→ Kapitel 7.28) und Vaterspirale (→ Kapitel 7.29) sowie »Die eigenen Sterne ordnen« (→ Kapitel 7.23), nur in ein pädagogisches Gesamtkonzept eingebettet durchzuführen.
- Rituale müssen zum Kind, dem Anlass, der Situation und zu Ihnen als Ritualleiter*in passen. Daher ist es oft sinnvoll, die Ritualvorschläge als Anregung zu nehmen und sie den jeweiligen Wirklichkeiten anzupassen.
- Alle angesprochenen Rituale können in Gruppen oder im Einzelkontakt angewendet werden.
- Seien Sie sich klar darüber, was Sie durch ein Ritual bewirken wollen und prüfen Sie, auf welche Weise ein hier vorgestelltes Vorgehen diesem entspricht.
- Ich empfehle sehr, alle Vorgänge (z. B. das Verbrennen des Weaver-Bundles in Kapitel 7.3) mindestens einmal vorab zu üben, sodass während des Rituals möglichst wenig Unwägbarkeiten auftreten.
- In Kapitel 6 werden zusätzliche Ritualmöglichkeiten erwähnt.

7.1 Heile Vision

Unter »Heile Vision[22]« versteht man die innere Repräsentation eines erwünschten Zustandes. Dabei wird ausschließlich auf Positives geachtet.

Die »Heile Vision« bezüglich einer Prüfung kann z. B. beinhalten: Ich stelle mir vor, wie ich leicht und flüssig rede. Alle Antworten fallen mir sofort ein. Ich visualisiere, wie ich mein Abschlusszeugnis erhalte und der*die Prüfer*in mir gratuliert u. ä. m.

Die heile Vision bezüglich einer schweren Erkrankung kann z. B. beinhalten: Ich habe einen gesunden Körper. Ich freue mich am Leben. Der Arzt sagt mir: »Du bist völlig geheilt«. Ich mache meinen Lieblingssport u. ä. m.

Für einen Gruppenwechsel kann die Heile Vision z. B. beinhalten: Ich stelle mir vor, wie die anderen mich freundlich begrüßen. Ich

---

[22] Die Heile Vision ist ein Standardwerkzeug der schamanischen Energiemedizin und ist in vielen Kulturen verankert.

erlebe, wie die neuen Mitarbeiter*innen mich mögen. Ich sehe mich mit neuen Freunden lachen. Ich stelle mir vor, wie ich meinen Eltern erzähle, wie wohl ich mich dort fühle u. ä. m.

Je lebendiger die Heile Vision ist, desto besser. Idealerweise schließt sie innere Bilder genauso mit ein wie die anderen inneren Wahrnehmungsebenen (Hören, Fühlen, Riechen etc.).

Den Teilnehmenden wird vorab erklärt, um was es geht. Mögliche Inhalte der Heilen Vision werden besprochen. Falls nötig bekommen die Teilnehmenden Zeit, sich die persönlichen Inhalte ihrer Vision zu überlegen. Dann kommen alle zusammen. Der Ort ist speziell hergerichtet, evtl. läuft leise Instrumentalmusik. Alle werden angeleitet, zur Ruhe zu kommen. Dann gehen alle in die »Heile Vision«. Falls jemand abschweift, kehrt er, sobald er es bemerkt, zur »Heilen Vision« zurück. In der Regel sind drei bis fünf Minuten eine gute Zeitspanne dafür. Es folgt ein Ausklang und evtl. eine Nachbesprechung.

7.2 Gold würdigen

»Gold würdigen« nutze ich gerne als Abschiedsritual, doch kann es vielen Kontexten angepasst werden. Ich bringe goldglänzende Gegenstände mit (z. B. Pyrit, Goldsterne, golden eingepackte Bonbons, Deko-Kugeln, mit Goldfarbe bemalte Steine). Dem Gehenden wird dann aufgezählt, welches »Gold« (Ressourcen, positive Eigenschaften, Werte, die er lebt, etc.) ich alles in ihm sehe. Als Repräsentation dessen bekommt er dieses »Gold« in Form der mitgebrachten goldfarbenen Gegenstände (die er behalten darf). Der*Die Gehende hält dann alle Gegenstände in der Hand und spürt, wie es ist, all dieses Gold zu haben. Evtl. kann er*sie angeleitet werden, mit diesem Gold in die »Heile Vision« (Kapitel 7.1) zu gehen und/oder es kann ein Abschiedssegen folgen.

Eine weitere Variante ist, dass der*die Gehende von allen Mitarbeitenden wie Jugendlichen jeweils Gold bekommt und/oder diesen Gold gibt.

7.3 Weaver-Bundle

Ein Weaver-Bundle[23] dient dazu, unterschiedliche Ebenen bzw. Aspekte eines Prozesses in Einklang zu bringen.

Die Teilnehmenden werden dazu aufgefordert, drei brennbare (kleine und schöne) Objekte zu sammeln. Dies können Blüten und Blätter, Samen, Zucker, Bonbons, Holzspäne, kleine Stöcke, Tannenzapfen, schön geformte bunte Papiere, Gewürzkapseln etc. sein. Dieses Sammeln kann als Teil der Einstimmung auf das Ritualgeschehen genutzt werden, z. B. indem es schweigend geschieht oder indem angeleitet wird, dass alle dabei achtsam sind.

Alternativ dazu können alle bereits vorab darüber informiert werden, dass sie drei solcher Gegenstände zum Ritual mitbringen. In diesem Fall sollte die Ritualleitung mehrere solcher Gegenstände bereithalten. Sollte jemand seine Objekte vergessen haben, kann er*sie daraus auswählen und dennoch am Ritual teilnehmen.
Eine weitere Alternative besteht darin, dass die Ritualleitung die benötigten Materialien mitbringt und würdig anbietet, z. B. in einer schönen Schale, auf einem geschmückten Tisch o. ä.

1. Ein Flipchartpapier wird in die Mitte gelegt. Auf dieses wird ein großer Kreis gezeichnet oder mit brennbaren Materialien gelegt (z. B. Salz, Samenkörner, schönes Laub usw.). Dies drückt aus, dass alles, was danach gelegt wird, zusammengehört. Je nach spiritueller Ausrichtung der Teilnehmenden können auch spirituelle Symbole den Rahmen bilden oder in den Kreis gelegt werden.
2. Drei Runden widmen sich dann drei verschiedenen Aspekten des Ritualthemas[24], z. B.:

---

23 »Weaver-Bundle« ist ein englischer Begriff und lässt sich mit »Webe-Paket« übersetzen. Man webt etwas zusammen.
24 Die Zahl 3 gilt in vielen Kulturen als besonders, göttlich, magisch etc. (»Aller guten Dinge sind drei.«; »Drei Mal darf man raten«; in Märchen gibt es drei Versuche, bis etwas funktioniert; die christliche Dreifaltigkeit; die drei Gesichter der Göttin im Keltischen; die drei Stufen des Islam etc.).

Bei Herausforderungen:
- Runde 1: Alle Ängste, Befürchtungen, Einschränkungen, Widerstände etc.
- Runde 2: Alles, was positiv daran ist, wer oder was unterstützt, Kraft gibt etc.
- Runde 3: Die »Heile Vision«[25] des Themas, inklusive Dank dafür

Bei Veränderungen/Übergängen:
- Runde 1 – Vergangenheit: Was zurückgelassen wird und Dankbarkeit/Wertschätzung/Ehrung des Goldes des Alten
- Runde 2 – Übergang: Was bringe ich für das Neue mit (Fähigkeiten, Gefühle, Voraussetzungen, etc.) und was brauche ich/wünsche ich mir als Unterstützung?
- Runde 3 – Zukunft: »Heile Vision« des Neuen (so bin ich/meine Welt mit/in dem Neuen)

Bei Abschieden:
- Runde 1: Was mit dem Scheidenden schwierig war, genervt hat u. ä.
- Runde 2: Was mit dem Scheidenden gut war, was ich vermissen werde
- Runde 3: Was ich dem Scheidenden für die Zukunft wünsche

Zur Versöhnung:
- Runde 1: Wo ich mich durch den anderen verletzt gefühlt habe
- Runde 2: Wo ich weiß oder vermute, dass der andere durch mich verletzt wurde
- Runde 3: Was ich am anderen (trotz alledem) gut finde

Die Teilnehmenden bekommen die Runden und was in ihnen zu tun ist, gut erklärt. Vor jeder Runde wird erneut angesagt, um was es geht. Der Ablauf jeder Runde ist gleich: Die Ritualleitung nimmt sich einen Gegenstand, denkt an alle für sie relevanten Inhalte dieser Runde, bläst diese in ein ausgewähltes Objekt und legt diese in die Mitte des Kreises auf dem Flipchart. Danach sind im Uhrzeigersinn

---

25 Vgl. Kapitel 7.1.

alle Teilnehmenden dran. Je nach Gruppe kann das Legen schweigend geschehen oder der Legende sagt jeweils, was er legt (oder eine Auswahl davon).[26] Sind alle an der Reihe gewesen, wird die nächste Runde angesagt. Die Legeobjekte dürfen sich berühren, aufeinander liegen etc.
3. Lassen Sie kurz Zeit, in der alle das Gelegte auf sich wirken lassen können. Da schöne Materialien genutzt werden, ist das Endprodukt meist tatsächlich schön anzusehen, zumal es durch die zugeordneten Inhalte ja auch eine recht hohe »Ladung« enthält.
4. Nach ausreichender Betrachtung wird das Flipchartpapier so gefaltet, dass alle Materialien sich innerhalb des Papiers befinden. Eine brennbare Schnur oder ein Band hält das Bündel zusammen.
5. Jetzt wird das Bündel in ein Lagerfeuer gegeben, welches mit seiner transformierenden Energie das alte reinigt und die Wünsche in die Welt gibt (→ S. 90). Ein möglicher ritueller Rahmen ist etwa, dass alle schweigend im Kreis um das Feuer stehen und bewusst das Alte verabschieden und das Neue willkommen heißen. Oder es kann gebetet werden, oder gesungen, oder es ertönt Musik im Hintergrund usw. Wichtig ist, dass alle »Raum halten« (→ Kapitel 6.4.2).

Soll oder kann nicht mit Feuer gearbeitet werden, kann variiert werden, z. B:
- Zum Abschluss wird das Weaver-Bundle (bei Wind) auf einer Erhöhung geöffnet, sodass der Wind alles dorthin trägt, wo es seinen Platz hat./Es wird »Vater Himmel« übergeben. (In diesem Fall werden leichte Gegenstände genommen)

---

26 Für ein Versöhnungs-Weaver-Bundle zwischen Gruppen, denen die Ritualleitung nicht angehört, hat es sich bewährt, dass die Ritualleitung nicht selbst legt, sondern nur diejenigen anleitet, für die Versöhnung ansteht. In diesem Fall ist es meistens heilsam, wenn in allen Runden tatsächlich ausgesprochen wird, was die Einzelnen jeweils legen. Ein Versöhnungsritual ist nur sinnvoll, wenn die Beteiligten sich wirklich versöhnen wollen, und so gut vorbereitet sind, dass das Ritual kein Anlass für neuen Zank ist. Das Ritual eignet sich übrigens auch für Teams, die sich nach einem Streit wieder zusammenraufen wollen.

- Zum Abschluss wird das Weaver-Bundle auf einer Brücke/am Ufer/am Strand geöffnet und dem »Fluss des Lebens«, dem »lebendigen Wasser«, der »reinigenden und nährenden Kraft des Wassers« etc. übergeben, indem das Bundle geöffnet und der Inhalt ins Wasser geschüttet wird. Soll das Bundle geschlossen ins Wasser gegeben werden, ist darauf zu achten, dass statt dem Flipchart ein Material gewählt wird, das dem Gewässer nicht schadet (z. B. ein großes Pestwurzblatt, ein sich schnell auflösendes Sackleinen o. ä.).
- Das Weaver-Bundle wird vergraben/Mutter Erde übergeben. Alles was gehen soll, wird zu Kompost verarbeitet, der alldem, was wachsen und gedeihen soll, die Nährstoffe bietet.

Bei allen drei Varianten sollte es selbstverständlich sein, dass nur gut kompostierbare Objekte verwendet werden.

7.4 Holundergold

Dieses Ritual habe ich ursprünglich für eine Gruppe aus expliziten Christ*innen, erklärten Atheist*innen, Mitgliedern diverser esoterischer Richtungen und Neuheid*innen entwickelt und seither in unterschiedlichen Varianten für unterschiedliche Gruppen angepasst. Der Holunder ist eine Möglichkeit, diese spirituellen Hintergründe zu verbinden. In anderen Gruppen sind andere Repräsentationen hilfreich.

Die Gruppe wurde angeleitet, sich bewusst zu machen, welches Gold sie aus der gemeinsamen Zeit für sich mitnehmen möchte (schöne Erfahrungen, gelernte Fähigkeiten, Selbstwert etc.) und dieses dann auf farbige Zettel zu schreiben oder zu malen. Jede*r konnte einen oder mehrere Zettel nutzen. Alle Zettel waren gelocht und eine kurze Schnur aus Naturbast durch das Loch gezogen. Wir sind dann alle gemeinsam zu einer nahegelegenen Waldlichtung gegangen. Dort stand ein Holunderstrauch, an den alle ihre Zettel gehängt haben. Die Erklärung war:
- Wir machen das als Gruppenerlebnis. All das Gold wird bewusst dargestellt, präsentiert und so zusammengetragen, dass es ein Gesamtes ergibt. Diesen Hintergrund konnten alle teilen.

- Der Holunder gilt seit jeher als eine lebendige Hausapotheke, weil alle seine Bestandteile heilkräftig sind. Das eigene Gold in den Holunder zu hängen, ist eine symbolische Handlung dafür, dass es zum Heil, zur Heilung dienen soll. Auch diesem Hintergrund konnten alle zustimmen.
- Bäume gelten in vielen spirituellen Richtungen als Verbinder von Himmel und Erde/Göttlich und Menschlich/Spiritwelt und Alltagsrealität o. ä. Wer diesen Hintergrund hat, kann sein Gold bewusst in diese Verbindung hängen, auf dass es dort wirke.
- Bei vielen Neuheidnischen Gruppen wird der Holunder als heiliger Baum der Göttin geehrt. Wer diesen Hintergrund hat, kann sein Gold der Göttin präsentieren oder um deren Segen bitten.
- Holunder wächst so, dass viele seiner Astgabeln deutlich Kreuzform haben. Entsprechende Bedeutung hat der Holunder bis vor kurzem im christlichen Volksglauben gehabt. Holunder wurde teilweise ähnlich geehrt wie ein aufgestelltes Wegkreuz. Wer diesen Bezug hat, kann diesen nutzen, um sein Gold in die göttliche Hut zu geben oder Gottes Segen dafür zu erbitten.
- Wer einen anderen Hintergrund hat, kann diesen für sich gerne einfügen.

Wir hatten uns darauf geeinigt, dass zum Schluss jede*r, die*der möchte, still mit denjenigen Spirits in Kontakt gehen kann (z. B. Beten, Segen erbitten, Dank ausdrücken), die für sie*ihn wichtig sind.

7.5 Wunsch-/Dankes-/Segensbaum

- Die Gruppe versammelt sich um ein tatsächliches Bäumchen, einen aufrecht aufgestellten verzweigten Ast[27] oder eine andere Repräsentation eines Baumes.
- Jede*r schreibt auf einen bunten und/oder schön geformten (z. B. sternförmigen) gelochten Zettel, was sie*er sich für das nächste

---

[27] Ein Christbaumständer, in den der Ast eingepasst ist und der mit Steinen beschwert wird, eignet sich gut dafür.

Jahr/die gerade beginnende Ferienfreizeit/die Schulabschlussprüfungszeit etc. wünscht.[28]
- Dann hängt jede*r den Zettel mit dem Wunsch in den Baum.
- Wenn alle fertig sind, sollten Sie noch Zeit zum Nachwirken lassen, z. B. schweigend, mit Musik im Hintergrund, alle stehen um den Baum o. ä.

Varianten:
- Statt der Wünsche kann auch der Dank für etwas in den Baum gehangen werden, z. B.»Für was ich im letzten Jahr/in einer Krise/in meinem Leben/der Wohngruppe etc. dankbar bin«.
- Es werden Segenswünsche für Personen oder eine kommende Zeit in den Baum gehängt.
- Als Abschiedsritual können gute Wünsche, Segen und/oder Danksagungen von den Bleibenden an den*die Gehende*n in den Baum gehängt werden. Diese*r darf die Zettel (oder auch den ganzen Baum) mitnehmen, wenn er*sie geht.

7.6 Jahresfeste

Alle Kulturen der Nordhalbkugel haben Feiern für Frühjahr, Sommer, Herbst und Winter. Ostern, Johanni, Erntedank und Weihnachten sind z. B. die christlichen Varianten. Es kann für alle vier Feste ein Grundritual gewählt werden, z. B. ein Festessen; ein großes Feuer, um das man sich versammelt oder auch eine Disco. Der jeweilige Schmuck bzw. ein inhaltlicher Zusatz, welcher dem aktuellen Fest entspricht, markiert dann dieses (vgl. Erntefest). Oder es kann für jedes Fest eine eigene Form gefunden werden. Viele Einrichtungen haben z. B. bereits eine Art Sommerfest und eine Art Weihnachts- und oder Silvesterfeier. Sie können sich inhaltlich auch an den natürlichen Rhythmen der Natur orientieren. Als Anregung hier einige Beispiele:

---

28 Je nach Gruppe kann dies »der größte Wunsch« sein oder jede*r kann mehrere Zettel mit Wünschen aufhängen.

- **Frühjahrsfest**
  - Merkmale bzw. Inhalte: Fruchtbarkeit, blühendes Leben, Blumenschmuck, viele Farben, fröhliche Musik
  - Alle Traditionen um den 1. Mai und/oder Ostern, z. B. Waldmeisterbowle, Tanz in den Mai, bunte Eier, Frühjahrsputz
  - Altar, auf den alle stellen, was für sie/die Gruppe, Einrichtung oder Familie in diesem Jahr zum Blühen kommen soll. Oder eine Blütenwand zu diesem Thema. Jede*r schreibt oder malt das, was zum Blühen kommen soll, auf Blütenkärtchen und heftet diese an eine gemeinsame Blütenwand. Auch ein Weaver-Bundle zu diesem Thema ist möglich. Frühjahrsputz: Ritual zu: Mit wem oder was will ich ins Reine kommen (z. B. jede*r schreibt einen Versöhnungsbrief, diese werden gemeinsam verbrannt; Sie können eine Ritualrunde anleiten, in der jede*r ausspricht, wofür er*sie bei jemandem aus der Gruppe um Entschuldigung bitten möchte; tatsächlicher Frühjahrsputz in der Wohngruppe)
- **Sommerfest**
  - Merkmale bzw. Inhalte: Wärme, Höchststand der Sonne, Licht, längster Tag des Jahres, Aktivität
  - Alle Bräuche zur Sonnenwende, sonnenförmiges oder goldverziertes bzw. gelbes Gebäck
  - Im Freien übernachten, Tobspiele, Feuer-Springen (→ Kapitel 7.9), Ritual, das pure Lebensfreude ausdrückt, Sonne trinken (→ Kapitel 7.10/7.11)
- **Herbstfest**
  - Merkmale bzw. Inhalte: Ernte, Dank, Abschied, Sterben
  - Alle Erntedankbräuche (→ Kapitel 7.7), Totengedenken, Rituale des Loslassens (z. B. Kapitel 7.25)
- **Winterfest**
  - Merkmale bzw. Inhalte: Dunkelheit, Kälte, Rückzug, Geborgenheit, Stille, Neugeburt des Lichts, Anfänge
  - Alle Bräuche zu Weihnachten, Jahreswechsel und Wintersonnenwende
  - Meditatives Chanten (→ Kapitel 7.18), Schweigerunde um Bioethanolfeuer und zur Ruhe kommen, das Licht willkommen heißen (vgl. Anfang Kapitel 7.5), Heile Vision (→ Kapitel 7.1) fürs neue Jahr, Orakeln (z. B. Wachsgießen)

Diese Art von Jahresfesten hat sich auch in der Arbeit mit geflüchteten Menschen bewährt. In diesen Gruppen wohnen oft Jugendliche sehr unterschiedlicher Religionen bzw. spiritueller Ausrichtungen unter einem Dach. Religionsunabhängige Jahresfeste sind dann eine gute Möglichkeit, dennoch gemeinsam zu feiern. Je nachdem, wie gut die Jugendlichen miteinander können bzw. wie groß die erlebten religiösen Differenzen sind, können einzelne Elemente der unterschiedlichen Religionen in ein Fest aufgenommen werden oder es wird ganz bewusst »religionsunspezifisch« gefeiert.

7.7 Erntefest

Der folgende Text ist aus Baierl (2017, S. 78 f.) übernommen: »Fast alle Kulturen kennen irgendeine Form dessen, was in Deutschland häufig als ›Erntedank‹ bezeichnet wird, also eine Feier dafür, dass das Überlebensnotwendige in diesem Jahr gegeben wurde. Ein Basis-Ritual dafür wäre z. B. ein gemeinsames Festessen, das entsprechend bewusst und sinngefüllt gestaltet wird: z. B. gemeinsam planen, einkaufen, kochen/Raum und Tisch schmücken/das Essen an sich/Fotos vom letzten Jahr anschauen. Diese Grundform benötigt kaum Aufwand und nur wenig finanzielle Mittel, kann aber schon wirkkräftig sein.

Je nach Bedarf kann um weitere Komponenten erweitert werden. Zum Beispiel kann gesammelt werden, was es im letzten Jahr an »Ernte« gab (Schulabschluss, Versetzung, Sporturkunde, tolle Ferienfreizeit, Radfahren gelernt, eine neue Freundschaft etc.). Dies wird versinnbildlicht (Fotowand, Präsentationstisch, kurzes Theaterstück etc.) und jede*r darf von seiner ›Ernte‹ erzählen. Evtl. auch eine Collage, Skulptur o. ä. erstellen, welches das restliche Jahr über präsent bleibt.

Für expliziteren Dank helfen die Fragen: Bei wem möchte ich mich bedanken? Wer oder was hat mir im letzten Jahr geholfen? Wie kann ich Dank ausdrücken? Schaffen Sie einen Rahmen, in dem der Dank ausgedrückt werden kann (Bild malen/Brief schreiben und auf den ›Danke-Tisch‹ legen; es Personen unmittelbar oder mittelbar selbst sagen; innerlich dorthin reisen, wo man sich bedanken will und dies tun; es der Gruppe erzählen etc.).

Zusätzlich kann ein gemeinsames Dankritual durchgeführt werden. Entweder an eine ›Macht‹, auf die sich alle (!) einigen können (das Universum, den Großen Geist, das Leben, Ich selbst, oder auch spezifischere spirituelle Mächte wie Schutzengel, Gott, Mutter Erde), oder jede*r mit oder ohne seinen*ihren individuellen Hintergrund. Zum Beispiel können Dankesgaben (z. B. Blumenblüten oder Zettel mit kurzen Dankessätzen) niedergelegt, verbrannt oder mit einer Rakete in den Himmel geschossen werden. Es kann ein Danklied gesungen, getanzt oder ein Freudenfeuer entzündet werden, es kann ausgesprochen werden, wofür und wem gedankt wird oder dies kann unausgesprochen geschehen.

Da die meisten Kulturen, Religionen und spirituellen Gruppierungen Erntedankrituale haben, kann auch geschaut werden, was es bereits an möglichen Ritualen gibt und wie diese (abgeändert oder direkt) übernommen werden können. Dies kann auch gemäß der kulturellen, religiösen oder spirituellen Hintergründe der Betreuten oder Betreuer[*innen] recherchiert werden. Sofern dies von allen getragen werden kann, ist es auch möglich, gegebene Rituale zu nutzen. In christlichen Gegenden kann dann z. B. der Erntedankgottesdienst besucht werden, es kann beim Aufbau des Erntedankaltars geholfen oder für diesen Gaben gebracht werden, es kann ein eigener Erntedankaltar in der Gruppe aufgebaut werden. Man kann Weihbuschen binden und segnen lassen o. ä. Wie aufwändig ein Erntedankritual gestaltet wird, wie explizit spirituelle Dimensionen ausgedrückt werden sollen und ob bestehende Feiern oder Rituale genutzt werden, orientiert sich an den Möglichkeiten vor Ort und den Bedarfen der Kinder und Jugendlichen.«

7.8 Religionsfeiern für alle

Die zentralen Elemente eines religiösen Festes lassen sich auf einer übergeordneten Ebene betrachten und dann umwandeln. Dasselbe gilt für einzelne Handlungen, die dann – mit dem übergeordneten Sinn gefüllt – auch von Menschen außerhalb dieser Religion mitgetragen werden können. Viele Kinder- und Jugendhilfeeinrichtungen sind in kirchlicher Trägerschaft und die Mitarbeiter*innen sind angehalten, die christlichen Jahresfeste zu feiern. Daher folgen hier einige Beispiele dafür, wie diese übergeordnet gesehen und gefeiert werden können. Mit Respekt und genügend Hintergrundwissen können so auch andere christliche Feste sowie Feiern anderer Religionen auf deren universellen Kern heruntergebrochen und dann in ein Ritual gekleidet werden.

7.8.1 Weihnachten

Weihnachten wird zur Zeit der Wintersonnwende gefeiert. Für Christen ist Jesus das Licht, das in die Welt kommt. Ein religionsunabhängiges »Weihnachtsfest« kann also die Neugeburt des Lichts oder »das Licht« feiern. Dafür eignen sich so gut wie alle Bräuche zur Wintersonnenwende.

Alternative Weihnachtskrippe 1
Eine entsprechende Krippe kann z. B. wie folgt aufgebaut werden:
- In die Mitte kommt ein Symbol für das Licht (eine Kerze, eine goldene Kugel, eine sonnenförmige Scheibe, eine Flamme aus Holz o. ä.). Es stehen weitere Lege- bzw. Stellmaterialien zur Verfügung (z. B. eine Sammlung Blütenblätter, Nüsse, goldene Kugeln, Teelichter etc.)
- Alle stellen mit diesen Materialien nun z. B. die Antworten zu folgenden Fragen hinzu[29]:
  - Welches Licht will ich im nächsten Jahr in die Welt bringen (z. B. »Ich will freundlicher zu meiner Schwester sein«, »Ich will mich nicht mehr am Mobbing beteiligen«, »Ich will andere zum Lachen bringen« etc.) ODER
  - Was wünsche ich mir bzw. anderen an Licht für das nächste Jahr? ODER
  - Welches Licht habe ich im letzten Jahr erlebt und möchte mich dafür bedanken? (z. B. »Jemand hat mir geholfen«, »Ich habe die Versetzung geschafft«, »Meine Mutter hat sich zweimal von sich aus bei mir gemeldet« etc.)

---

29 Wie beim Weaver-Bundle (→ Kapitel 7.3) wird die Antwort in den Gegenstand geblasen. Dieser wird dann hinzugestellt.

Bei solchen Ritualen ist es besonders wichtig, einen klaren rituellen Abschluss vorbereitet zu haben und einzuhalten, da sonst die Energie gegen Ende des Legens/Stellens zerfließt. Zum Beispiel heben alle die Hände in einer Segnungsgeste (z. b. Hände leicht erhoben, ungefähr auf Kopfhöhe, Handflächen auf die Krippe gerichtet und senden Licht zu dem Aufgestellten).

Alternative Weihnachtskrippe 2
- In die Mitte kommt ein Symbol für EIN Licht, das im folgenden Jahr in der Gruppe erlebt werden soll[30] (z. B. »Wir wollen zusammenhalten«, »Wir wollen viel Freude miteinander haben«, »Wir wollen einen bestehenden Konflikt bereinigen«, »Wir wollen weniger Lebensmittel wegwerfen« etc.)
- Jede*r stellt oder legt um dieses Symbol, was er*sie dazu beitragen kann und will UND/ODER
- Es wird besprochen, was alle gemeinsam dazu beitragen können. Immer, wenn sich auf etwas Konkretes geeinigt wurde (z. B. »Wir bitten bei Konflikten die Mitarbeiter*innen um Hilfe«, »Alle achten darauf, zu kühlende Lebensmittel schnell in den Kühlschrank zurückzustellen« usw.), wird dies dazu gestellt

7.8.2 Ostern

Ostern steht im christlichen Kontext zum einen dafür, dass Jesus die Sünde aller auf sich genommen und dadurch getilgt hat. Unter diesem Aspekt sind z. B. Rituale zu Schuld, Versöhnung oder Vergebung inhaltlich passend. Die Ostermysterien sind die von Tod und Auferstehung. Rituale zum Loslassen, Alten verabschieden, Neuem in die Welt tragen, Neues beginnen sind dazu passend. Das Datum des Osterfests ist im Frühling. Alle Frühlingsbräuche (→ Kapitel 7.6) lassen sich daraufhin prüfen, ob sie für eine gemeinsame Feier genutzt werden können.

Weihnachtsbaum/Osterbaum
Zu Ostern werden oft Zweige mit ausgeblasenen Eiern aufgestellt und der Weihnachtsbaum steht mittlerweile auch in vielen nicht christ-

---

30 In der Einzelarbeit: Ein Licht, welches das Kind/der*die Jugendliche im folgenden Jahr erleben will.

lichen Familien, Gruppen und Organisationen. Beide können in Form eines Segensbaumes (→ Kapitel 7.5) gestaltet werden, z. B. indem die Segenswünsche oder der Dank auf die Eier geschrieben bzw. gemalt wird.

7.9 Feuer-Springen

Wenn uns etwas sehr wichtig ist, heißt es oft: »Dafür würde ich durchs Feuer gehen.« Genau hier knüpft Feuer-Springen an. Das Ritual kann genutzt werden, um Entscheidungen Kraft zu geben. Es kann eine gegebene Herausforderung genutzt werden, für die der*die Jugendliche gestärkt werden will (z. B. ein*e ehemalige*r Schulverweigerer*in, der*die vor dem Schulabschluss steht), ein bereits getroffene Entscheidung befeuert werden (z. B. wenn ein*e Jugendliche*r mit langer Delinquenzgeschichte endlich straftatenfrei leben möchte) oder die Vorbereitung dient dem Bewusstwerden, wofür ein Kind/ein Team/eine Familie etc. durchs Feuer gehen würde.

Vor dem eigentlichen Ritual ist es notwendig, dass sich alle klar darüber sind, wofür sie wahrhaftig durchs Feuer gehen wollen. Wem nichts einfällt oder wer dies auf diese Art nicht bestärken kann oder will, kann dennoch, z. B. als Sicherungsperson neben dem Wassereimer, eingebunden werden.

Es wird ein Ort gestaltet, eine Atmosphäre aufgebaut und ein Feuer entzündet. Dies kann entweder einfach ein Feuer sein oder ein »Heiliges Feuer« (das z. B. bewusst rituell aufgeschichtet wird, das aufgebaut wird, während Gott, Engel, Helferspirits der Teilnehmenden um Unterstützung gebeten werden, indem Weihrauch, Buchsbaum (als immergrünes Lebensholz) oder andere spezielle Brennmaterialien mitverarbeitet werden etc.). Größe, Höhe und Intensität des Feuers richtet sich nach Sicherheitsaspekten sowie den Bedürfnissen und Möglichkeiten der Teilnehmenden.[31]

---

31 Beachten Sie dabei behördliche Vorgaben zu offenem Feuer.

Für eine Gruppe ehemaliger Mehrfachgewalttäter war dies ein etwa kniehoher Holzstoß mit hoher Flamme. Dies war vom Jugendamt sowie den Erziehungsberechtigten schriftlich gestattet. In einer Kindergruppe war es ein 40 cm breites Glutnest ohne Flamme. Es kann sinnvoll sein, das Springen vorab ohne Feuer zu üben.

Eine Reihenfolge, wer wann springt, wird vereinbart. Der jeweils Springende wird sich bewusst, wofür er springt, behält dieses im Sinn, nimmt Anlauf und springt. Nach dem Sprung wird dies vom Ritualleiter und/oder der Gruppe gewürdigt und verstärkt, z. B. durch anerkennende Worte, Applaus o. ä. Die Wirkung kann dadurch verstärkt werden, dass jede*r, die*der dran ist, direkt gefragt wird: »Wofür bist du bereit durchs Feuer zu gehen?« und dann deutlich antwortet, z. B. »Ich gehe heute durchs Feuer, um Konflikte zukünftig gewaltfrei zu lösen/meinen Schulabschluss zu bestehen« o. ä.

Das brennende Feuer kann im Anschluss zur gemeinsamen Feier genutzt werden – einfach ums Feuer sitzen und nachwirken lassen, Würstchen und Stockbrot zubereiten/essen, Lagerfeuer und Lieder singen usw.

Trotz intensiver Vorbereitung ist Feuer ein potenziell gefährliches Element. Es ist notwendig, von allen Teilnehmenden entsprechende Achtsamkeit einzufordern. Ist diese nicht gegeben, kann das Ritual nicht durchgeführt werden. Haben Sie zudem immer geeignetes Löschmaterial[32] in unmittelbarer Nähe des Feuers. Ich habe diese in über 20 Jahren Erfahrung bei diesem Ritual nie benötigt und würde dennoch nicht darauf verzichten. Leiten Sie die Teilnehmenden auch an, auf Haare, Kleidung Schals, Bänder u. ä. zu achten: je weniger »flattert«, desto besser. Synthetisches schmort leichter als Baumwolle; nichts über das man stolpern könnte, sollte im Weg liegen oder Teil der Kleidung sein etc.

---

32 Z. B. Feuerlöscher, Feuerdecke, mehrere Eimer Wasser, Wasseranschluss und Schlauch etc.

7.10 Sonne trinken 1

Licht und Sonne stehen in vielen Kulturen für Lebensenergie und Lebenskraft. »Sonne trinken« ist ein Ritual, das dazu dient, sich mit Lebenskraft zu füllen. Voraussetzung ist ein Tag, an dem die Sonne scheint und ein Ort, von dem aus man die Sonne sehen kann.

Die Teilnehmenden sind vorbereitet und haben etwas über Sonnenkraft erklärt bekommen. Alle stehen mit dem Gesicht zur Sonne. Jede*r streckt beide Hände zusammengelegt (wie zum Wasserschöpfen) der Sonne entgegen und lässt sie mit Sonnenlicht füllen. Dann werden die Hände zum Mund geführt (wie wenn sie Wasser enthalten würden) und das Sonnenlicht wird »getrunken«. Es folgt ein Nachspüren und das Spüren von Sonnenkraft/Lebensenergie.

Ob dies als symbolische Handlung verstanden und angeleitet wird oder als tatsächliches Aufnehmen von Sonnenkraft, richtet sich nach der Wirklichkeit der Teilnehmenden. Alternativ wird eine Sprache gewählt, die beides offen lässt.

7.11 Sonne trinken 2

Es wird ein mit Quellwasser gefüllter Kelch in die pralle Sonne gestellt[33], auf dass er sich mit Sonnenenergie bzw. Sonnenkraft auflädt. Danach kann die Sonnenkraft mit dem Wasser getrunken werden. Aufladen kann man natürlich auch mit Mondenergie; mit einem spirituellen Symbol, auf das der Kelch gestellt wird; mit Heilsteinen (vgl. Hall 2005), die in das Wasser oder um den Kelch herumgelegt werden; durch aufstellen des Kelchs an besonderen Kraftorten oder indem alle Beteiligten Segen, Liebe o. ä. m. in das Wasser des Kelchs geben bzw. ein Spirit (z. B. Gott) gebeten wird, dies zu tun.

---

33 Aus Hygienegründen kann für jede teilnehmende Person ein eigenes Gefäß aufgestellt werden. Doch ist das gemeinsame Trinken aus einem Gefäß in vielen spirituellen Richtungen und Religionen verankert. Diese Variante wirkt erfahrungsgemäß stärker und transportiert zusätzlich »Wir sind eine Gemeinschaft.«

7.12 Gedenkrunde

Dieses Ritual hat sich bewährt, wo immer Menschen, Tiere oder andere Wesen gewürdigt werden sollen.

Beispiel: Verstorbene ehren
- Alle sitzen im Kreis am Boden
- Musik spielt im Hintergrund
- Es stehen ausreichend Teelichter und Streichhölzer bereit
- Ein »feuerfester Altar« bildet die Mitte
- Jede*r, die*der will, steht auf – entzündet ein Teelicht für die*den Verstorbene*n (oder einen Menschen bzw. Tier, das man verabschieden musste oder zu dem kein Kontakt mehr besteht, z. B. wenn Freund*innen durch einen Umzug verloren wurden oder nach einer Scheidung kein Kontakt mehr zu einem Familienmitglied besteht)
- Jede*r spricht aus, für wen das Licht brennt und kann über diese*n erzählen (muss dies aber nicht)
- Die anderen halten Raum (→ Kapitel 6)

Alternativ können auf diese Art auch Lebende geehrt werden. Das Grundvorgehen ist dasselbe. Jedoch benennt jede*r das Wesen, das er*sie ehren möchte und wofür. Zum Beispiel: »Das ist für meine Freundin Hanna, mit der ich richtig Spaß haben kann«, »Ich entzünde diese Licht für meine Katze, die mich immer tröstet«, »Ich danke Oliver, der mir vorgemacht hat, dass es möglich ist, bei Mobbing nicht mitzumachen, sondern sich dagegenzustellen«. Dieses Ehren kann auch gemischt geschehen (Lebende, Tote, Tiere, Spirits etc.). Werden Teelichter verwendet, empfiehlt es sich, diese so aufzustellen, dass sie nach Beendigung des Rituals noch ganz abbrennen können. Alternativ können schöne Blüten oder Blumen in die Mitte gelegt oder in eine schöne Vase gestellt werden.

Nicht nur, wenn Verstorbene geehrt werden, kann dieses Ritual stark berühren. Planen Sie auf jeden Fall mindestens eine Stunde nach Abschluss des Rituals ein, in der Zeit und Raum dafür besteht, evtl. entstehende Dynamiken aufzufangen.

7.13 Beispiele für weitere Trauerrituale

- Teilnahme an Beerdigung/Grabbesuch/Besuche von Unglücksstätten (Wenn ein Kind dies will, sollte in der Regel ein Weg gefunden werden, dies zu tun. Gegen den Willen des Kindes ist es meist kontraindiziert (vgl. Baierl 2017))
- Besuch von Erinnerungsorten
- Kerze aufstellen (in Kirche, im eigenen Zimmer, am Jahrestag auf dem Mittagstisch)
- Fotobuch anlegen, Ahn*innenaltar, Foto aufhängen
- Erinnerungsbaum pflanzen
- Erzählen dürfen
- Weinen dürfen, mit Zeit und Raum
- Brief an die*den Verstorbene*n (Mitarbeiter*in nimmt diesen mit, Verbrennen, Einwerfen, auf Grab legen etc.)
- Erinnerungsfest mit »Kitchentalk«[34]
- Zeit für den Trauerprozess lassen
- ...

7.14 Durch das Tor gehen

Dieses Ritual unterstützt bei Übergängen. Die Grundform besteht darin, einen Weg zu markieren, innerhalb dessen durch ein Tor gegangen wird (→ Kapitel 6, *Ritualbaukasten*). Das Tor kann eine echte Tür sein, ein Bogen aus Weidenstäben, zwei Pfosten in der Erde etc.

Der*Die Jugendliche begeht den Weg achtsam, er*sie startet im markierten »Hier-und-Jetzt«, geht durch das Tor und weiter bis zum Neuen.

---

34 »Kitchentalk« ist eine britische Tradition, bei der sich Freund*innen und Angehörige eines*einer Verstorbenen in dessen Küche treffen, um schöne Erinnerungen über diesen zu teilen und Geschichten über diesen zu erzählen, die diesen ehren. Für die Jugendhilfe können natürlich andere Orte und Gruppenzusammensetzungen gewählt werden.

Idealerweise findet der Gang in unmittelbarer zeitlicher Nähe zum Übergang im Leben statt. Dies kann der 18. Geburtstag sein, der tatsächliche Zeitpunkt eines Gruppenwechsels, während der Ferien zwischen Grundschule und weiterführender Schule etc. Anregungen dafür, wie Weg und Tor gestaltet werden kann, finden sich in vielen Hochzeitstraditionen.

Evtl. wird der*die Jugendliche von Unterstützer*innen auf dem Weg begleitet, am Tor verabschiedet und am Ankunftsort oder nach dem Tor von den dann zuständigen Unterstützern in Empfang genommen – bleiben die Unterstützer*innen dieselben, können diese den gesamten Weg mitgehen oder zuerst verabschieden und dann am Endpunkt wieder begrüßen. Benötigt ein*e Jugendliche*r für den tatsächlichen Übergang viel Unterstützung, kann es sinnvoll sein, diese*n den Weg über von Menschen tragen zu lassen, die auch im Alltag sicher (!) unterstützen können und wollen.

7.15 Abschiede und Übergänge

Jeweils eingebettet in die fünf Ritualschritte:
- Es wird eine »Ahn*innenwand« gestaltet, auf der jede*r Abgänger*in etwas Persönliches hinterlässt, z. B. ein Bild, einen Spruch, ein Foto von sich, gute Wünsche. Dies kann für alle vorgegeben werden, oder jede*r wählt selbst, was hinterlassen wird.
- Etwas wird abgebaut und am neuen Ort wieder aufgebaut (aktuell oder symbolisch), z. B. Bett in alter Einrichtung abbauen, mitnehmen und in neuer Einrichtung aufbauen – oder ein anderes persönlich wichtiges Möbelstück.

7.16 Schlechte Erfahrung hinter sich lassen

Dieses Ritual ist NICHT für traumatische Erinnerungen geeignet. Es sei denn, Sie haben eine gute traumapädagogische Expertise UND die Traumatisierung ist ausreichend verarbeitet.
1. Geschichte der schlechten Erfahrung aufschreiben
2. Was habe ich (positives) daraus gelernt? Welche Ressourcen habe ich offensichtlich, da ich das überstehen konnte? Gibt es eine

Stärke, eine Ressource oder irgendetwas anderes Gutes, das für mich aus dieser Erfahrung entstanden ist?
3. Inhalte aus Punkt 2 malen, in Stein (vgl. Weaver-Bundle) blasen, Symbol(e) dafür basteln etc.
4. Geschichte verbrennen; Stein, Bilder, Symbole behalten

7.17 Der Diamant meiner Erfahrungen

Dieses Abschiedsritual eignet sich gleich gut für Gruppen wie Einzelpersonen – für alle Situationen, in denen etwas (endgültig) vorbei ist. Beispiel hier ist das Ende einer Ferienfreizeit.
- Die Teilnehmenden stehen mit genügend Abstand, so, dass alle die Arme und Hände frei bewegen können. Alle haben die Augen geschlossen.
- Die Teilnehmenden lassen vor dem inneren Auge Bilder von allen Erlebnissen auf der Freizeit entstehen. Das kann mit einem Satz angeleitet werden oder konkreter unterstützt, z. B. Erlebnisse beim Essen, Erlebnisse am See, am Lagerfeuer o. ä. Wird mehr angeleitet, ist es notwendig, den Teilnehmenden immer wieder genügend Zeit zu lassen, Bilder hierfür entstehen zu lassen. Diese sammelt jede*r im Geiste vor sich. Die Bilder dürfen sich überlappen, unklar werden etc.
- Nun greift jede*r mit ausgebreiteten Armen vor sich und formt einen großen Ball aus allen Bildern. Dieser wird mit den Händen immer mehr verdichtet und kleiner, bis er in die zu kleinen Kuppeln geformten Hände passt.
- Dieser Ball wird nun mit den Händen fest zu einem Diamanten gepresst.
- Der Diamant wird mit beiden Händen ins Herz genommen.
- Es folgt ein Nachspüren.
- Abschließend wird Dank ausgesprochen, wofür bzw. wem oder was gegenüber die Teilnehmenden aufrichtig »Danke« sagen können.

7.18 Chanten

»Gemeinsames Chanten ermöglicht [...] tiefe emotionale und spirituelle, ja, transzendente Erlebnisse, die den eigenen inneren Wachstumsprozess fördern.« (Bossinger, Friedrich 2013, S. 12) Bedeutsame Inhalte werden in meist einfachen Melodien gesungen (manchmal auch rhythmisch oder melodisch gesprochen) und mehrfach wiederholt. Man kann »Chants« auch mit Bewegungen, Tanz, Trommel, Rasseln, Klatschen etc. verbinden. Es ist dabei weniger wichtig, ob »schön« bzw. »richtig« gesungen wird. Chanten wird in vielen Kontexten genutzt. In therapeutischen Zusammenhängen wird teilweise der Begriff »Heilsingen« für diesen Vorgang verwendet

Chanten löst Stimmungen aus, führt zu meditativen bzw. Trancezuständen, gleicht die physiologischen Funktionen von Gruppen an (z. B. Herzschlag oder Oxytocin-Ausschüttung). Es baut Atmosphäre auf, fokussiert, fördert Erlebnisse von Zusammengehörigkeit (bis hin zu Verschmelzungserlebnissen) sowie transzendente Erfahrungen (Aldridge, Fachner 2006). Beispiele für Chants sind die tibetischen Mantren, Taizé-Gesänge, die Gesänge nordamerikanischer Ureinwohner*innen und teilweise die Fußball-Stadiongesänge.

Chanten kann rituelles Beiwerk oder der zentrale Ritualbaustein sein (→ Kapitel 6), z. B. wenn eine Gruppe ums Feuer (oder eine Kerze) sitzt und einige Zeit chantet.

> In Anlehnung an »Kurt gib nicht auf« von Hubert von Goisern haben wir in einer Gruppe folgenden Text gechantet »XY gibt nicht auf, wenn's auch mal nicht so läuft, nur nicht aufgeben, du wirst es überleben, XY gibt nicht auf, irgendwann gibt's nen Lauf, auf dich schaut die Welt XY ist ein Held, auf dich schaut die Welt du bist ein Held«. XY steht hier jeweils für die Vornamen aller Gruppenmitglieder, die reihum eingesetzt wurden. Es gab dafür keinen speziellen Anlass, außer, dass alle eine schwierige Lebensgeschichte sowie aktuelle Probleme hatten. Einige Jugendliche haben berichtet, diesen Chant noch jahrelang in schwierigen Situationen für sich genutzt zu haben. In einer anderen Situation wurde dieser Text (mehrfach wiederholt) von der Gruppe für einen Jugendlichen gesungen, der vor einer Situation stand, die er glaubte, nicht bewältigen zu können.

Für ein Gemeinschaftserlebnis, sich nicht allein und an eine höhere Macht angebunden zu fühlen, hat sich in einigen Gruppen »The river is flowing« (z. B. in der Version von Gila Antara) bewährt.

Da es in allen spirituellen Richtungen Chants gibt, sollte es nicht schwerfallen, Chants zu finden, die zum Anlass und der spirituellen Wirklichkeit von Betreuten passen. Zudem lassen sich alle eingängigen Melodien mit passenden Texten belegen.

Die Chants sollten vor dem Ritual so gut geübt werden, dass sie auswendig oder abgelesen gesungen werden können, ohne dass das Treffen von Text oder Melodie viel Aufmerksamkeit benötigt. Eine gute Anleitung findet sich bei Bossinger und Friedrich (2013).

7.19 Unsere Welt-Ritual

- Eine kreisförmige Mitte ist gestaltet
- Jede*r wählt einen Stein und bläst in diesen seine*ihre aktuelle Lebenssituation mit allen ihm*ihr wichtigen Aspekten
- Die Steine werden als großer Kreis auf die Mitte gelegt
- Es stehen Blüten, Samen, Nüsse u. ä. Schönes bereit
- Alle Teilnehmenden füllen die schönen Gegenstände damit, welche Aspekte eine Welt hat, in der sie leben wollen (an den Aspekt denken, und diesen Inhalt durch Pusten in den Gegenstand füllen)
- Die so gefüllten Gegenstände (und somit das, mit dem sie gefüllt sind) wird durcheinander in die Mitte des Steinkreises gelegt
- Wirken lassen
- Nun werden die Steine in die Mitte hinzugelegt und »tanken«
- Einen Abschluss gestalten (z. B. Gebet/Gegenstände ins Feuer oder in Fluss (des Lebens) geben)
- Die Steine können zur Stärkung mitgenommen werden

7.20 Sich mit Himmel und Erde verbinden

Dieses Ritual ist eine Abwandlung des »Einheitsatems« von Melchizedek (2004). Dort ist die ausführlichere Version der Einstieg in »Die Meditation zum heiligen Raum des Herzens«. Das Ritual findet idealerweise an einem Ort draußen statt, der als besonders schön, ruhig oder energetisch bedeutsam erlebt wird. Es funktioniert jedoch auch in jedem ruhigen Innenraum.
- Alle Teilnehmenden sitzen und lassen in sich ein Gefühl von

Liebe aufsteigen/füllen ihr Herz mit Liebe (hierfür ca. 1–2 Minuten Zeit lassen).
- Dann senden sie diese Liebe immer tiefer bis zum Mittelpunkt der Erde und nehmen wahr, wie die Erde ihre Liebe zurücksendet (1–2 Minuten Zeit geben).
- Alle Teilnehmenden sitzen und lassen in sich ein Gefühl von Liebe aufsteigen/füllen ihr Herz mit Liebe (hierfür ca. 1–2 Minuten Zeit lassen).
- Dann senden sie diese Liebe immer höher in den Himmel bis zum Mittelpunkt des Universums und nehmen wahr, wie der Himmel seine Liebe zurücksendet (1–2 Minuten Zeit geben).
- Still sitzen bleiben und Nachklingen lassen.

Falls das Ritual nachbearbeitet werden soll, z. B. indem alle, die dies wollen, ihre Erfahrungen erzählen dürfen, empfiehlt sich eine kurze Pause (2–10 Minuten) zwischen dem Ritual und der Teilrunde.

Kennt ein Kind/ein*e Jugendliche*r das Ritual, kann er*sie es immer wieder alleine an einem Ort und zu einer Zeit seiner Wahl durchführen.

7.21 Himmel und Erde verbinden

- Alle stehen aufrecht, Arme und Hände sind V-förmig nach oben ausgestreckt. Beide Beine stehen im ähnlichen Winkel fest auf dem Boden
- Kraft strömt von oben (Himmel) und füllt den gesamten Körper
- Kraft strömt von unten (Erde) und füllt den gesamten Körper
- Alle nehmen wahr, wie dies geschieht und was sich dabei verändert,
- Himmels- und Erdenergie mischen sich im Körper
- Alle spüren nach, wie sich dies anfühlt
- Nun die Energie vom Himmel durch den Körper zur Erde strömen lassen
- Alle nehmen wahr, wie dies geschieht und was sich dabei verändert
- Energie aus der Erde durch den Körper zum Himmel fließen lassen

- Alle nehmen wahr, wie dies geschieht und was sich dabei verändert
- Ggf. bedanken (bei Himmel; Erde; sich selbst; bei dem*derjenigen, der*die diese Energien zur Verfügung stellt/erschaffen hat)

7.22 Erdheilungszeremonie

Dieses Ritual findet idealerweise an einem Ort draußen statt, der als besonders schön, ruhig oder energetisch bedeutsam erlebt wird. Es funktioniert jedoch auch in jedem ruhigen Innenraum.
- Alle stellen eine Verbindung mit dem Ort her, indem sie auf alles achten, was sie dort sehen, hören, riechen, schmecken, fühlen.
- Alle nehmen für sich Kontakt mit der Erde auf (je nach Wirklichkeit kann dies z. B. als symbolisches Tun, als Fühlen des elektromagnetischen Feldes der Erde oder als realer Kontakt mit einem lebendigen Gegenüber angeleitet werden – ODER – es ist vorab besprochen, dass jede*r diejenige Ebene wählen kann, die der eigenen Wirklichkeit entspricht).
- Jede*r bittet nun die Erde um Entschuldigung für all die Verletzungen, die ihr zugefügt wurden bzw. werden (z. B. Umweltverschmutzung im Allgemeinen; Plastikmüll; Lärm; Raubbau von Erzen; Gifte auf Äckern oder in Flüssen; Zigarettenkippen, die einfach weggeworfen werden; Bäume, die unnötig gefällt werden etc.).
  • Dies kann individuell geschehen, indem jede*r für sich aufzählt, wo sie*er schlecht mit der Erde umgeht oder stellvertretend dafür, wie Menschen bzw. die Menschheit mit der Erde umgeht.
- Alle gehen in die »Heile Vision« einer heilen Erde (→ Kapitel 7.1).
- Nach dem Abschluss wird Zeit für den Nachklang gelassen.

7.23 Die eigenen Sterne ordnen

Sterne stehen in vielen Kontexten für Orientierung, z. B. in der Seefahrt oder als Leitstern. In zahlreichen Kulturen halten oder repräsentieren die Sterne eine höhere Ordnung, sind Ausdruck der kosmischen Gesetze oder beinhalten besondere Weisheit (vgl. Müller

1996). Die eigenen Sterne zu ordnen, beinhaltet vor diesem Hintergrund zum einen die Einbindung in eine solche höhere Ordnung und gleichzeitig Selbstwirksamkeit.

- **Vorbereitung:**
Jede*r sammelt Antworten auf die Frage: Was ist mir in meinem Leben/für mein Leben/für meine Zukunft etc. wichtig? Dies kann sich über 20 Minuten bis mehrere Tage erstrecken. Oft ist es hilfreich, wenn die Mitarbeiter*innen dabei unterstützen.
- **Ritual:**
  - Es wird der Rahmen und eine Atmosphäre geschaffen
  - Jede*r schreibt die ihm*ihr wichtigen Inhalte auf sternförmige Kärtchen oder in Sterne die auf Kärtchen gemalt bzw. ausgedruckt sind. Ideal sind zwischen 5 und 12 Kärtchen. Gibt es mehr wichtige Punkte, empfiehlt es sich, Überbegriffe zu finden[35]
  - Jede*r ordnet die Sterne auf dem Boden so an, bis es sich für sie*ihn »richtig« anfühlt, legt sie also z.B. in einem bestimmten Muster, wild durcheinander, manche überlappend, manche mit Abstand, etc.
  - Jetzt fragt sich jede*r:
    ▸ Was war einfach zu positionieren, was schwierig?
    ▸ Was liegt zentral, was eher am Rand?
    ▸ Was liegt nahe bei mir, was weiter weg?
    ▸ Wie liegen die einzelnen Inhalte zueinander?
    ▸ …
  - Lassen Sie Zeit für diesen Prozess mit der Aufforderung, immer wieder umzuordnen, bis es sich wirklich passend anfühlt

---

35 Zählt ein Kind z.B. viele Freund*innen und die gute Beziehung zu diesen auf, kann der Überbegriff »Gute Beziehungen zu Freund*innen« gewählt werden. Werden viele Fähigkeiten genannt, auf die ein*e Jugendliche*r stolz ist, kann »Stolz auf das, was ich kann« gewählt werden. Werden viele Aktivitäten benannt, die Spaß machen, kann »Lebensfreude« ein Überbegriff sein. Es gilt zu prüfen, was des Benannten zentral ist (z.B. »dass meine Mama mich lieb hat«) und wo dies gut in etwas Übergeordnetes einsortiert werden kann (z.B. »geliebt werden«).

- Mögliche Hilfen von außen:
  - ▸ Mitarbeiter*in fragt zur Ordnung[36] und hilft dem*der Jugendlichen, die gelegte Ordnung zu bestätigen bzw. die Sterne neu zu ordnen
  - ▸ Die Jugendlichen können ein Krafttier, ein*e Ahn*in, Jesus etc. oder anderen Spirit fragen, was der*die zur Ordnung meint und ob es Änderungsvorschläge gibt
- Falls gewünscht:
  - ▸ Segen auf diese Ordnung erbitten
  - ▸ Jede*r bekräftigt diese Ordnung durch ein ausgesprochenes »Ja, so soll es sein.«
- Die Ordnung abfotografieren, sodass jede*r Teilnehmende zukünftig die eigene Sternenordnung vor Augen haben kann
- Abschluss und Ausklang

7.24 Die alte Haut abstreifen

Dieses Ritual ist überwiegend dann sinnvoll, wenn sich ein Kind/ ein*e Jugendliche*r bereits fühlbar in einem Übergang befindet, wenn das Alte nicht mehr passt und das Neue noch nicht wirklich da ist. Manchmal sind wiederholt auftretende Krisen, die auf diesen Umstand zurückgehen, ein gutes Anzeichen dafür, dieses Ritual jetzt anzubieten. Das Ritual kann auch für Gruppen angeboten werden, innerhalb derer sich alle in einem solchen Übergangsprozess befinden.[37]

– Den Jugendlichen wird erklärt, um was es geht. Es kann z. B. auch ein Video gezeigt werden, wie eine Schlange sich häutet, um den Prozess deutlich zu machen
– Rahmen und Atmosphäre schaffen (z. B. in abgedunkeltem Raum, mit leiser Musik, zur Dämmerungszeit)
– Jugendliche*r steht und sammelt sich

---

36 Fragen können z. B. sein: Hast du alles dir wichtige gelegt? Was ist besonders wichtig? Was sollte zentral liegen, was eher am Rand? Stimmt es für dich, dass Kärtchen x näher an Kärtchen y liegt als Kärtchen z? Etc.
37 Beispiele für solche Übergänge sind Schulwechsel, Pubertät, Suchen eines neuen Freund*innenkreises, in Paarbeziehungen eine andere Rolle einnehmen, gewaltfrei leben wollen etc.

- Nun beginnt er*sie, sich vom Kopf aus ganz behutsam die alte Haut abzustreifen.[38] Wie bei Schlangen liegt darunter bereits die neue Haut. 5–10 Minuten sind dafür eine gute Zeit
- Die abgestreifte Haut wird auf die Erde gelegt, sodass sie dort zu Kompost werden kann oder sie wird in den Wind gegeben, dort löst sie sich auf und wird weggeweht, oder sie wird einem Engel, Spirit, Helferwesen o. ä. übergeben, der/das sie fortbringt
- Nachspüren, wie es sich mit der neuen Haut anfühlt, diese evtl. anfassen/auf das Gesamtkörpergefühl achten/vielleicht wird die Umgebung anders wahrgenommen
- Gestaltung eines Abschlusses (→ Kapitel 6.1.4)
- Zeit zum Nachwirken lassen. Falls gewünscht, Möglichkeit zum gegenseitigen Austausch geben

7.25 Das Alte ehren

Für alles Neue, das entsteht, geht etwas Altes. So verschwindet der*die Erstklässler*in mit dem Übergang in die zweite Klasse; oder mit der Entscheidung, mich an Regeln zu halten, wird Delinquenz abgelegt. Teilweise fallen Veränderungen schwer, weil das Alte ebenfalls wertvoll bzw. wichtig ist oder war. In diesen Fällen kann es sinnvoll sein, das Alte bewusst zu ehren oder einen Aspekt des Alten zu wählen, der geehrt wird.

In einem Antiaggressionstraining mit ehemaligen Mehrfachgewalttätern haben wir z. B. herausgearbeitet, welche positiven Effekte es für die Jugendlichen durch die Gewalt gab (Status, Selbstwertgefühl, Spannungsabbau, materiellen Gewinn u. ä. m.) Diese »Gewinne« wurden benannt und (auch von uns als Gruppenleitung) anerkannt.
Danach wurden die Jugendlichen dazu angeleitet, ein Symbol für ihre frühere Bereitschaft dafür, diese Effekte über Gewalt zu erreichen, zu finden. Diese Symbole wurden dann gemalt, als Figur angefertigt (z. B.

---

38 Bevor Sie dies anleiten, ist es hilfreich, wenn Sie selbst etwas damit experimentieren, wie Sie sich die Haut abstreifen, z. B. durch sanftes Reiben, Greifen und Abziehen –, wie ein Taucheranzug oder wie eine Strumpfhose.

aus Ton oder Pappmaché) oder passend gekauft (für einen Jugendlichen war dies z. B. ein Hammer).
Am Tag des Rituals haben wir im Gruppenraum eine abschließbare Vitrine geschmückt. Während des Rituals hat jeder Jugendliche sein Symbol feierlich in die Vitrine gestellt, sich für die geleisteten Dienste bedankt und klar ausgesprochen, dass er diese nicht mehr nutzen will. Das Alte wurde so geehrt und ihm ein Platz in der Vergangenheit zugewiesen.
In einem späteren Ritual haben die Jugendlichen auf zwei Regalen links und rechts der Vitrine jeweils Symbole dafür abgestellt, was sie zukünftig tun werden, um die Ziele, die sie früher mit Gewalt zu erreichen versuchten, gewaltfrei zu erlangen.

Das Alte ehren kann jedoch auch viel einfacher geschehen, z. B.
- eine Kerze als Dank/Ehrung für das Alte entzünden
- ein Symbol ehrend in ein Kästchen legen und dieses verschließen
- ein Symbol für das Alte als Bild malen und an die Wand hängen oder auf einen geschmückten Fenstersims stellen
- eine Fantasiereise durchführen, in der das Alte gewürdigt und verabschiedet wird
- eine Erzählrunde, in der alle aussprechen können, was am Alten wertvoll war

Das »Alte« kann z. B. die Pflegefamilie sein, die verlassen werden musste, die alte Wohnung bei einem Umzug, die »Freiheit« des auf der Straße Lebens u. ä. m.

Ein Jugendlicher hat seine Angst (die ihn geschützt hat) als das Alte gewürdigt, als er soweit war, sich Herausforderungen wirklich stellen zu wollen. Ein anderer wurde von seinem Freundeskreis ausgeschlossen, nachdem er sich gegen das Kiffen entschieden hatte. Dennoch waren die ehemaligen Freunde ihm so viel wert, dass er sie ehren wollte.

Werden negative Aspekte des Alten geehrt, ist genau zu unterscheiden und herauszuarbeiten, was, wann und wie geehrt wird.
Gewalt z. B. ist und bleibt abzulehnen. Dennoch kann Gewalt eine »ehrenwerte Funktion« gehabt haben. Ist ein*e Jugendliche*r

bereit, gewaltfrei leben zu wollen, kann es sehr wirkungsvoll sein, die vergangene, jetzt abgelehnte Gewalt zu ehren (z. B. dafür, dass sie geholfen hat, keine Opfererfahrungen mehr zu machen). Ist ein*e Jugendliche*r noch gewaltbereit, ist es meist kein guter Zeitpunkt, Gewalt auf irgendeine Art zu ehren. Jedoch kann dann z. B. mit der positiven Motivation (Baierl 2017, S. 71 f.) gearbeitet werden.

7.26 Tisch- und Nachtgebete

Kinder und Jugendliche sind oft anderen Religionen und spirituellen Richtungen gegenüber offen und neugierig. Ein gemeinsames Gebet ist daher häufig auch in gemischt religiösen Gruppen kein Problem. Falls doch, hat es sich bewährt, die Betreuten zu »offenen« Gebeten anzuleiten, die alle mitsprechen können. Es folgen ein paar Beispiele dafür, welche Formulierungen Kinder/Jugendliche für sich und die Gruppe gefunden haben:
- »Vielen Dank an alle, die dazu beigetragen haben, dass wir dieses gute Essen haben.«
- »Danke den Pflanzen, danke den Tieren, danke dem Koch.«
- »Wie schön, dass wir zusammen essen können. Alles Essen und Trinken soll gesegnet sein.«
- »Hallo Fischstäbchen, hallo Nudeln, hallo Ketchup, Ihr seid toll!«
- »Alle guten Mächte, lasst uns heute gut schlafen.«
- »Wir bitten darum, dass die Nacht gesegnet ist und wir uns im Schlaf gut erholen.«
- »Niemand soll heute Albträume haben. Bitte!«
- »Danke für den schönen Tag, die Nacht soll genauso gut werden.«

Diese Beispiele sollen dazu anregen, mit den Betreuten gemeinsam die passenden Gebetsformen zu finden.

7.27 Geburtstage und andere persönliche Feiertage

Alle Anlässe, die dazu geeignet sind, ein Kind und/oder Leistungen eines Kindes zu feiern, können genutzt werden. Der erste negative Drogentest, der Notendurchschnitt, der von 4 auf 3 gestiegen ist, Radfahren erlernt zu haben, der fünfte Konflikt, bei dem nicht zugeschlagen wurde u. v. a. m. Geburtstage und andere persönliche Feiertage, wie z. B. Jahrestage der Ankunft in der Gruppe, gehören von den Mitarbeiter*innen gewürdigt. In manchen Kulturen ist der Namenstag viel wichtiger als der Geburtstag. Solche Feiern sollen unabhängig davon stattfinden, ob ein Kind sich »brav« verhalten hat oder nicht. Falls Kinder eine solche Würdigung ablehnen, geschieht dies meist aus Trotz oder einer Verletzung heraus – der Wunsch, gefeiert zu werden, besteht meist versteckt doch. Daher ist zu empfehlen, dennoch zu feiern, z. B. indem der Gruppenraum geschmückt wird, es ein gemeinsames Kuchenessen gibt (zu dem das Kind nicht erscheinen muss, aber dazu eingeladen wird). Häufig kommen auch offen ablehnende Kinder später zur Feier hinzu und sind im Nachhinein froh über die Feier. Dass ihnen – auch wenn sie nicht kommen – zumindest ein großes Stück Kuchen reserviert bleibt, sollte eine Selbstverständlichkeit sein.

Der schön gestaltete Sitzplatz des*der Jugendlichen, Kerze, Geschenk und Gratulation können an sich schon ein Ritual darstellen. »Gold würdigen« oder ein passendes »Weaver-Bundle« können auch zu diesen Anlässen angewendet werden.

Eine Gruppe hatte den Eindruck, dass ein Tag für den Geburtstag zu kurz sei. Diese Gruppe hatte beschlossen, dass das Geburtstagskind (egal ob Betreute*r oder Mitarbeitende*r) am Tag vor und nach dem Geburtstag jeweils so frech sein darf, wie es will.

Einige Gruppen haben gute Erfahrungen damit gemacht, Jahrestage der Aufnahme (oder bei kürzeren Hilfen z. B. drei Monatszyklen) gestaffelt zu würdigen. Zum ersten Jahrestag gibt es z. B. einen Gruppenschlüsselanhänger, zum zweiten eine Gruppentasche, zum dritten eine Gruppenschirmmütze usw. Oder es gibt am ersten Jahrestag ein Armband oder eine Kette mit einem Anhänger, am nächsten Jahrestag kommt ein zweiter Anhänger dazu usw. Die Übergabe geschieht dann entsprechend rituell.

7.28 Motherstick

Dieses Ritual wird hier zur Bearbeitung von Mutterthemen vorgestellt. Mit demselben Vorgehen können auch ähnlich gelagerte Themen angegangen werden. Es eignet sich für die Einzelarbeit sowie in Gruppen, die darin geübt sind, bewegende Themen in der Gruppe anzugehen. Das Ritual sollte in ein pädagogisches Gesamtprojekt zu diesem Thema eingebettet sein.[39] Es hat sich bewährt, die einzelnen Ritualschritte vorab gut zu erklären und vorzumachen. In der ersten Anleitung geschieht dies bis Schritt 5. Die folgenden Schritte werden erst vor Schritt 6 erklärt und demonstriert.

Im Ritual selbst wird dann nochmals Schritt für Schritt angeleitet. Der Motherstick wird hier als »Draußen-Version« vorgestellt. Es kann natürlich auch drinnen durchgeführt werden. Dann sollten entweder alle benötigten Materialien von der Leitung mitgebracht werden oder die Jugendlichen bekommen den Auftrag, selbst zu sammeln und die Materialien mitzubringen. In diesem Fall sollte die Leitung dennoch genügend Materialien vorhalten, dass alle teilnehmen können, auch wenn sie einen Teil der Materialien nicht mitgebracht haben.

1. Ein Gelände draußen, das genügend Raum zum Für-Sich-Sein bietet, indem aber die Leitung alle Teilnehmenden sehen kann. Die Jugendlichen können sich im gesamten Gelände bewegen.
2. Alle werden sich ihrer eigenen »Mutterwunden« bewusst.
   - Beispiele dafür sind:
     ▸ Negative Erfahrungen mit der leiblichen Mutter, Pflegemutter, und/oder anderen Personen in Mutterrollen (dies könne auch Mitarbeiter*innen oder Lehrer*innen sein, sofern sie für die Jugendlichen entsprechend erlebt werden)
     ▸ Abwesenheit/Vermissen von Mutter(-personen)

---

39 Bestehen unverarbeitete Traumata in Bezug auf Mutterthemen, ist dieses Ritual NICHT geeignet.

- Was die Jugendlichen sich von der Mutter gewünscht hätten, aber so nicht erhalten haben
- Wo die Jugendlichen sich schlecht gegenüber der Mutter (-personen) verhalten haben

3. Diese »Wunden« werden direkt, wenn sie erinnert werden, in ein Symbol dafür geblasen (Grashalm, Blatt, Zweig, Blüte etc.) und dieses wird dann an ein Ende des Mothersticks geknotet.[40] Das andere Ende bleibt frei. Der Motherstick kann bis zur Mitte beknotet werden. Je nach Gruppe sind in der Regel 20–40 Minuten für diesen Prozess gut. Wer früher fertig ist, »hält Raum« (→ Kapitel 6.4.2).
4. Wirkzeit: Wird das Außengelände nicht von außenstehenden betreten, steckt jede*r Jugendliche ihren*seinen Motherstick mit dem freien Ende in die Erde und belässt ihn dort. Gibt es kein sicheres Gelände, können mit Erde gefüllte Schalen/Vasen/Blumentöpfe etc. in der Wohngruppe dafür genutzt werden. Oder die Mothersticks werden gemeinsam auf einen vorbereiten Altar/edles Tuch auf dem Boden gelegt.
5. Es folgt ein Zwischenabschluss (→ Kapitel 6.1.4) und eine Zeit, in der sich das Erlebte setzen kann. Idealerweise bleibt der Motherstick mindestens über Nacht ruhen. In manchen Gruppen ist eine Teilrunde als Zwischenabschluss gut. Auf jeden Fall sollten nun genügend Mitarbeiter*innen vor Ort sein, um evtl. hochkochende Themen gut auffangen zu können. Teilweise sind auch Tobspiele mit der gesamten Gruppe hilfreich, um Stressreaktionen abzubauen.
6. Es folgt die Erklärung und Demonstration des zweiten Ritualblocks sowie die Schaffung von Rahmen und Atmosphäre dafür (→ Kapitel 6.1.2).
7. Alle holen sich ihren Motherstick und verteilen sich wieder im Gelände.
8. Nun werden sich alle bewusst, welches Gold, welche Ressourcen, Fähigkeit, Weisheit sie deswegen haben, weil sie diese Mutter-

---

40 Der Motherstick sollte ein unverzweigter Stock von ca. 15–30 cm Länge sein.

wunden haben[41], blasen diese in ein Symbol (wie in Schritt 3, und binden dieses an das andere Ende des Mothersticks. Es ist nicht notwendig, dass für jede Wunde etwas Positives gefunden wird. Beispiele dafür können sein
- »Meine Mutter hat oft nicht für uns gekocht und ich musste dies übernehmen → Ich kann heute kochen.«
- »Meine Mutter hat viel gelogen → Ich habe gelernt, Lügen zu erkennen und bin heute schwer hinters Licht zu führen.«
- »Ich wurde von der Mutter geschlagen → Klausuren, Krisen auf der Gruppe oder andere Herausforderungen können mich nicht erschrecken, weil ich weiß, dass ich schon Schlimmeres überstanden habe.«
- »Die Pflegemutter hat meine Pflegegeschwister bevorzugt → Ich habe einen starken Gerechtigkeitssinn und kann mich gut für Gerechtigkeit einsetzen.«

Wichtig dabei ist, dass die Jugendlichen nur Positives anknoten, das sie ehrlich als »aus der Mutterwunde entstanden« erleben. Je nach Gruppe sind in der Regel 20–40 Minuten für diesen Prozess gut. Wer früher fertig ist »hält Raum«.

9. Es folgt eine Teilrunde, in der alle etwas sagen können, aber niemand etwas sagen muss.
10. Jede*r Jugendliche gibt seinen Motherstick in ein Ritualfeuer. Falls darauf geachtet wurde, dass nur kompostierbares an den Stock gebunden wurde, kann dieser auch vergraben oder einem Fluss übergeben werden (→ Kapitel 7.3).
11. Schließlich folgt der Abschluss und evtl. eine Nachbearbeitung.

---

41 In der Anleitung ist wichtig, herauszuarbeiten, dass die Wunde dennoch geschehen ist. Auch wenn ich evtl. etwas daraus gewonnen habe, wird dadurch das ursprüngliche Geschehen nicht plötzlich »gut« oder »positiv«. Erklären Sie ausführlich und mit vielen Beispielen, wie aus Wunden dennoch etwas Gutes entstehen kann (nicht muss). Oftmals benötigen einzelne Kinder/Jugendliche Hilfestellung dabei, was sie Positives aus den Mutterwunden erhalten haben.

7.29 Vaterspirale

Hier wird ein Ritual am Beispiel Vaterthemen vorgestellt. Dasselbe Vorgehen kann für ähnlich gelagerte Themen genutzt werden. Dieses Ritual eignet sich für die Einzelarbeit sowie in Gruppen, die darin geübt sind, bewegende Themen in der Gruppe anzugehen. Die Vaterspirale sollte, wie auch der Motherstick, in ein pädagogisches Gesamtprojekt zu diesem Thema eingebettet sein.[42] Die Vaterspirale sollte nicht genutzt werden, wenn noch nicht genügend verarbeitete Traumatisierungen durch den Vater oder Vaterfiguren vorliegen, Es hat sich bewährt, die einzelnen Ritualschritte vorab gut zu erklären und vorzumachen.

1. Das Ritual wird erklärt, der Raum und die Materialien vorbereitet sowie eine Atmosphäre geschaffen.[43] Jede*r Teilnehmer*in legt für sich aus Stöcken, Steinen oder ähnlichem eine Spirale.
2. Jeder wird gebeten, sich seinen Vaterwunden bewusst zu werden (vgl. Mutterwunden in Kapitel 7.28) und schreibt diese auf kleine Zettel. Sind es mehr als sieben, werden entweder Überbegriffe gefunden oder mehrere Wunden auf einen Zettel geschrieben. Meist sind dafür 5–10 Minuten Zeit ausreichend.
3. Nun geht jede*r achtsam (im eigenen Tempo) von außen nach innen in die Spirale. Dabei legt jede*r die Zettel auf seinen Weg und geht darüber. Weder müssen, noch sollen die Erinnerungen und Gefühle an die gelegten Vaterwunden nochmals besonders erinnert oder intensiv gespürt werden. Die innere Haltung, mit der die Spirale begangen wird, ist: »Das sind meine Vaterwunden.«
4. In der Mitte der Spirale wird innegehalten. Jede*r steht aufrecht und fragt sich: »Das sind meine Vaterwunden. Wie beeinflussen diese meine Gefühle und mein Verhalten im Alltag?« Mit derselben Frage wird der Weg achtsam aus der Spirale hinausgegangen.

---

42 Bestehen unverarbeitete Traumata in Bezug auf Vaterthemen, ist dieses Ritual NICHT geeignet.
43 Vgl. Kapitel 6/7/1/2 sowie 7.2.1.

5. Wer will, schreibt die Erkenntnisse auf und/oder macht eine kurze Pause.
6. Jede*r wird sich guter Erinnerungen mit seinem Vater oder Personen, die Vaterfunktionen übernommen haben bzw. als väterlich erlebt wurden, bewusst und schreibt diese auf Zettel. Es dürfen so viele Zettel wie nötig sein.[44]
7. Nun geht jede*r achtsam (im eigenen Tempo) von außen nach innen in die Spirale. Dabei legt jede*r seine*ihre Zettel auf den Weg (die »Vaterwunden-Zettel« liegen noch dort) und geht darüber. Es spricht nichts dagegen, die positiven Gefühle nochmals zu spüren, doch muss dies nicht sein. Die innere Haltung, mit der die Spirale begangen wird, ist: »Das sind meine guten Vatererfahrungen.«
8. In der Mitte der Spirale wird innegehalten. Jeder steht aufrecht und fragt sich: »Das sind meine guten Vatererfahrungen. Wie beeinflussen diese meine Gefühle und mein Verhalten im Alltag?« Mit derselben Frage wird der Weg achtsam aus der Spirale herausgegangen.
9. Wer will, schreibt die Erkenntnisse auf und/oder macht eine kurze Pause.
10. Wer fertig ist, »hält Raum« (→ Kapitel 6.4.2).
11. Wenn alle fertig sind, löst jede*r seine Spirale auf und sammelt die Zettel ein. Die »Wunden-Zettel« werden entweder der Ritualleitung übergeben (die sie dann irgendwann so entsorgt, dass niemand sie mehr sieht) oder in einem weiteren Ritualteil verbrannt. Die Zettel mit den positiven Erfahrungen werden behalten. Wer dies nicht möchte, kann sie der Ritualleitung geben oder mit den anderen Zetteln verbrennen.
12. Schließlich folgt der Abschluss (→ Kapitel 6.1.4) und evtl. eine Nachbearbeitung.

---

44 Vor allem, wenn es wenig gute Erfahrungen gibt, dürfen auch »kleine« Erfahrungen auftauchen, solange diese ehrlich als positiv erlebt werden, z. B. »Mein Papa hat mir einmal ein großes Eis gekauft.«

7.30 Wir gehören zusammen

- Alle stehen im Kreis und »halten Raum« (→ Kapitel 6.4.2).
- Die Ritualleitung nimmt die Hand des links neben ihr*ihm Stehenden und sendet dabei innerlich »wir gehören zusammen«/»wir halten zusammen«/»wir sind eine Gruppe« o. ä.
- Daraufhin nimmt der*die Linksstehende wiederrum die Hand des*der linken Nachbar*in und macht dasselbe.
- Dies geht solange, bis der Kreis geschlossen ist.
- Von Anfang an achten alle darauf, wie sich das Gefühl mit jedem Handschlag verändert – und was sich zusätzlich verändert, wenn der Kreis geschlossen ist.
- Alle lassen die Hände los und spüren, wie es dennoch ist, im Kreis die Gemeinschaft zu spüren.
- Es folgen abschließende Worte, die beinhalten, dass die Gruppe Gemeinschaft bleibt, auch wenn sich der Kreis jetzt auflöst.

7.31 Feiern in Abwesenheit

Immer wieder gibt es Feiern, an denen die Kinder oder Jugendlichen nicht teilnehmen können, da sie im Heim und nicht bei der Familie sind. Besonders heftig trifft dies geflüchtete Jugendliche, deren Familien noch im Ausland sind. Hier sind Feiern in Abwesenheit eine Alternative. Auch in der Kinder- und Jugendhilfe kann der Geburtstag der Mutter, der Berufsabschluss eines Geschwisters oder der Tod eines Freundes*einer Freundin rituell gewürdigt werden.

7.32 Rituale nicht nur für Kinder und Jugendliche

Die vorgestellten Rituale lassen sich leicht in andere Kontexte übertragen. Eltern, die Ihr Kind in stationäre Hilfe geben, können z. B. dessen »Gold würdigen« es beim »Durch das Tor gehen« bis zum Tor begleiten und dann den Mitarbeiter*innen übergeben. Ein gemeinsames »Weaver-Bundle« mit Eltern, Kind, Jugendamt könnte z. B. diese Ebenen enthalten: 1. Womit wir gegenseitig Schwierigkeiten haben bzw. hatten; 2. Was wir den jeweils anderen an Fertigkeiten, guten Absichten, Kompetenzen zuschreiben sowie 3. Wie ein ideales zukünftiges Miteinander sein sollte. »Die eigenen Sterne neu ordnen« kann ein gutes Ritual dafür sein, die Rückführung eines Kindes mit den Eltern vorzubereiten. »Das Alte ehren« kann ein guter Zwischenschritt sein, wenn mit Eltern daran gearbeitet werden soll, dass diese ein Verhalten oder eine Familiensituation verändern. Ebenso können sie die Rituale im Team oder der eigenen Familie nutzen. Nehmen Sie die Ritualbeispiele als Anregungen, selbst passende Rituale zu entwickeln.

7.33 Auf einen Blick

Alle Rituale können direkt – oder leicht abgewandelt – für unterschiedliche Themen genutzt werden. Die nachfolgende Tabelle gibt Beispiele zur möglichen Nutzung.

Tabelle 3: Überblick über Nutzungsbeispiele der Rituale

Gemeinschaft/ Verbundenheit	Bekräftigen/ Stärken	Abschiede und Übergänge
- Chanten (→ Kapitel 7.18) - Unsere Welt-Ritual (→ Kapitel 7.19) - Sich mit Himmel und Erde verbinden (→ Kapitel 7.20) - Himmel und Erde verbinden (→ Kapitel 7.21) - Erdheilungszeremonie (→ Kapitel 7.22) - Wir gehören zusammen (→ Kapitel 7.30)	- Feuer-Springen (→ Kapitel 7.9) - Sonne trinken 1 & 2 (→ Kapitel 7.10/11) - Schlechte Erfahrungen hinter sich lassen (→ Kapitel 7.16) - Der Diamant meiner Erfahrung (→ Kapitel 7.17) - Himmel und Erde verbinden (→ Kapitel 7.21) - Die eigenen Sterne ordnen (→ Kapitel 7.23) - Motherstick (→ Kapitel 7.28) - Vaterspirale (→ Kapitel 7.29)	- Gold würdigen (→ Kapitel 7.2) - Durch das Tor gehen (→ Kapitel 7.14) - Weaver-Bundle (→ Kapitel 7.3) - Heile Vision (→ Kapitel 7.1) - Ahn*innenwand (→ Kapitel 7.15) - Etwas abbauen und im Neuen wieder aufbauen (→ Kapitel 7.15) - Der Diamant meiner Erfahrung (→ Kapitel 7.17) - Die alte Haut abstreifen (→ Kapitel 7.24) - Das Alte ehren (→ Kapitel 7.25) - Gedenkrunde (→ Kapitel 7.12)

Auf einen Blick

Ehren/Würdigen/ Danken	Jahresfeste	Allgemein
- Gold würdigen (→ Kapitel 7.2) - Holundergold (→ Kapitel 7.4) - Wunsch-, Dankes-, Segensbaum (→ Kapitel 7.5) - Gedenkrunde (→ Kapitel 7.12) - Das Alte ehren (→ Kapitel 7.25) - Geburtstage und andere persönliche Feiertage (→ Kapitel 7.27) - Feiern in Abwesenheit (→ Kapitel 7.31)	- Jahresfeste (→ Kapitel 7.6 - Erntefest (→ Kapitel 7.7) - Religionsfeiern für alle (→ Kapitel 7.8) - Weihnachten (→ Kapitel 7.8.1) - Ostern (→ Kapitel 7.8.2)	- Heile Vision (→ Kapitel 7.1) - Weaver-Bundle (→ Kapitel 7.3) - Chanten (→ Kapitel 7.18) - Gebete (→ Kapitel 7.26)

Literatur

Albert, M., Hurrelmann, K., Quenzel, G. (2019). Jugend 2019. Weinheim: Beltz.
Aldridge, D., Fachner, J. (Hg.) (2006). Music and Altered States. Consciounsess, Transcendence, Therapy and Addiction. Philadelphia: Jessica Kingsley Publishers.
Anandarajah, G., Hight, E. (2001). Spirituality and medical practice: using the HOPE questions as a practical tool for spiritual assessment. American Family Physicians, 63, 81–89.
Antonovsky, A. (1997). Salutogenese – zur Entmystifizierung der Gesundheit. Tübingen: DGVT.
Astin, J., Harkness, E., Ernst, E. (2000). The Efficacy of »Distant Healing«: A Systematic Review of Randomized Trials: Ann Intern Med., 132, 903–910 (DOI: 10. 7326/0003-4819-132-11-200006060-00009).
Baatz, U. (2017). Spiritualität, Religion, Weltanschauung. Landkarten für systemisches Arbeiten. Göttingen: Vandenhoeck & Ruprecht.
Baer, U., Frick-Baer, G. (2015). Das große Buch der Gefühle. Stuttgart: Klett-Cotta.
Bader, M. (2008). Räuchern mit heimischen Kräutern: Anwendungen, Wirkung und Rituale im Jahreskreis. München: Goldmann.
Baier, D., Feiffer, C., Simonson, R., Rabold, S. (2010). Kinder und Jugendliche in Deutschland: Gewalterfahrungen, Integration, Medienkonsum. Zweiter Bericht zum gemeinsamen Forschungsprojekt des Bundesministeriums des Inneren und des KFN. KFN-Forschungsbericht Nr. 107. Hannover.
Baierl, M. (2014a). Traumapädagogik für Kinder und Jugendliche mit Migrationserfahrung. In: S. B. Gahleitner, T. Hensel, M. Baierl, M. Kühn, M. Schmid (Hg.), Traumapädagogik in psychosozialen Handlungsfeldern. Ein Handbuch für Jugendhilfe, Schule und Klinik. Göttingen: Vandenhoeck & Ruprecht.
Baierl, M. (2014b). Psychische Störungen aus schamanischer Sicht – Von Seelenwegen und Psychotherapie. In: E. Herrera Krebber (Hg.), Die Weisheit des Heilens – Von der Ethnomedizin zur Ganzheitsmedizin/The Wisdom of Healing – From Ethnotherapies to Holistic Medicine. Norderstedt: BoD.
Baierl, M. (2017). Herausforderung Alltag: Praxishandbuch für die pädagogische Arbeit mit psychisch gestörten Jugendlichen (5. über. und erg. Aufl.). Göttingen: Vandenhoeck & Ruprecht.
Baierl, M., Frey. K. (2016). Praxishandbuch Traumapädagogik. Lebensfreude, Sicherheit und Geborgenheit für Kinder und Jugendliche. Göttingen: Vandenhoeck & Ruprecht.

Barnett, J., Johnson, W. (2011). Integrating Spirituality and Religion into Psychotherapie: Persistent Dilemmas, Ethical Issues and a proposed Decisions Making Process. Ethics and Behavior, 21(2), 147–164.

Baumann, K. (2011). Vermessung des Glaubens und Geheimnis des Menschen. In: A. Büssing, N. Kohls (Hg.) Spiritualität transdisziplinär. Wissenschaftliche Grundlagen im Zusammenhang mit Gesundheit und Krankheit (S. 67–74). Berlin, Heidelberg: Springer.

Baumann, K. (2016). In: S. Dekempe: Studie zur Traumabewältigung. Das Prinzip Glaube und Hoffnung. Online: https://www.deutschlandfunk.de/studie-zur-traumabewaeltigung-das-prinzipglaube-und.886.de.html?dram:article_id=374099 (Zugriff am 11.07.2019).

Beaulieu, D. (2011). Impact-Techniken für die Psychotherapie. Heidelberg: Carl-Auer.

Belliger, A., Krieger, D. (Hg.) (2003). Ritualtheorien. Ein einführendes Handbuch. Opladen: Westdeutscher Verlag.

Benor, D. J. (2000). Distant Healing. SUBTLE ENERGIES und ENERGY MEDICINE An Interdisciplinary Journal of Energetic and Informational Interactions, 11(1). http://journals.sfu.ca/seemj/index.php/seemj/article/view/311/274 (Zugriff am 26.01.2020).

Benor, D. J. (2001). Healing Research. Volume 1: Spiritual Healing: Scientific validation of a healing revolution. Southfield MI: Vision Publications.

Benson, H. (1996). Heilung durch Glauben. Die Beweise. Selbstheilung in der Medizin. München: Heyne.

Benson, P. L. (1997). Spirituality an the adolescent journey. Reclaiming Children and Youth 5, 2006–2009.

Betz, W. (2018). Kräfte aus dem Nichts? Geheimnisvolle Orte und rätselhafte Energien. Groß Gerau: Ancient Mail.

Bernatzky, G., Kreutz, G. (Hg.) (2015). Musik und Medizin. Chancen für Therapie, Prävention und Bildung. Wien: Springer.

Bodensteiner, P., Schmid, S. (2017). Radikalisierung und Extremismus. Eine Herausforderung für Demokratie und politische Bildung. KOMPAKT: Ausgabe vom 20. November 2017. https://www.hss.de/download/publications/Argu_Kompakt_2017-10_Radikalisierung.pdf (Zugriff am 20.02.2020).

Bolletino, R. C. (2001). A model of spirituality for psychotherapy and other fields of mind body medicine. Advances in Mind Body Medicine, 17, 90–107.

Bonewits, I. (1989). Real Magic. York Beach, Maine: Samuel Weisner.

Bonewits, I. (2008). The Advanced Bonewits' Cult Danger Evaluation Frame. http://www.neopagan.net/ABCDEF.html (Zugriff am 01.01.2020).

Bossinger, W., Friedrich, W. (2013). Chanten: Eintauchen in die Welt des heilsamen Singens. Haldenwang Irisana.

Bremmer, R., Sander, L., Bushman, B., (2011). Pray for Those Who Mistreat You. Effects of Prayer on Anger and Aggression. Personality and Social Psychology Bulletin 37(6).

Brentrup, M., Kupitz, G. (2015). Rituale und Spiritualität in der Psychotherapie. Göttingen: Vandenhoeck & Ruprecht.

Brönnle, S. (1994). Landschaften der Seele. Von mystischen Orten, heiligen Stätten und uralten Kulten. München: Kösel.

Brumlik, M. (2017). Religiöse Sensibiliät. In: M. Nauerth, K. Hahn, S. Kösterke, M. Tüllmann (Hrsg.), Religionssensibilität in der Sozialen Arbeit. Positionen, Theorien, Praxisfelder. Stuttgart: W. Kohlhammer.

Bucher, A. (2001). Religionsunterricht zwischen Lernfach und Lebenshilfe. Eine empirische Untersuchung zum katholischen Religionsunterricht in der Bundesrepublik Deutschland (3. Aufl.). Stuttgart: Kohlhammer.

Bucher, A. (2007). Psychologie der Spiritualität. Weinheim: Beltz.

Bussing, A., Koenig, H. (2010). Spiritual needs of patients with chronic diseases. Religions, 1, 18–27.

Cohen, B. (2020). Integrating Culture. https://indigeneyz.com/integrating-culture/ (Zugriff am 31.03.2020).

DGPPN (2016). Positionspapier: Religiosität und Spiritualität in Psychiatrie und Psychotherapie. In: Spiritual Care (DOI 10.1515/spircare-2016-0220). https://www.dgppn.de/presse/stellungnahmen/stellungnahmen-2016/religiositaet.html#4 (Zugriff am 04.11.2019).

Diekmann, A. (2017). Spiritualität – eine neue therapeutische Modewelle? konturen.de/fachbeitraege/spiritualitaet-eine-neue-therapeutische-modewelle (Zugriff am 30.08.2019).

Dilling, H., Mombour, W., Schmidt, M. H. (Hg.) (2015). Internationale Klassifikation psychischer Störungen. ICD – 10 Kapitel V (F). Bern: Hans Huber.

Dudenredaktion (o. J. a). »Sekte« auf Duden online. https://www.duden.de/rechtschreibung/Sekte (Zugriff am 15.01.2020).

Dudenredaktion (o. J. b). »Spirituell« auf Duden online. https://www.duden.de/rechtschreibung/spirituell (Zugriff am 06.08.2019).

Dudenredaktion (o. J. c). Transzendenz auf Duden online. https://www.duden.de/rechtschreibung/Transzendenz (Zugriff am 16.06.2020).

Dücker, B. (2006). Rituale. Formen – Funktionen – Geschichte. Eine Einführung in die Ritualwissenschaft. Stuttgart: Metzler.

Durkheim, É. (2007). Die elementaren Formen des religiösen Lebens. Frankfurt a. M.: Verlag der Weltreligionen.

DWDS (2019). Digitales Wörterbuch der deutschen Sprache. Das Wortauskunftssystem zur deutschen Sprache in Geschichte und Gegenwart. In: Berlin-Brandenburgische Akademie der Wissenschaften, Spiritualität. https://www.dwds.de/wb/Spiritualität (Zugriff am 06.08.2019).

Eisenmann, C., Klei, C., Swhajor-Biesemann, A., Drexelius, U., Keller, B. (2016). »Dimensions of Spirituality« The Semantics of Subjective Definitions. In: H. Streib, R. W. Hood (Eds.), Semantics and Psychology of »Spirituality. A Cross-cultural Analysis« (S. 125–151). Cham: Springer International Publishing.

Elkins, D., Hedstrom, J., Hughes, L., Leaf, J. Saunders, C. (1988). Toward a humanistic-phenomenological spirituality. Definition, description and measurement. Journal of the Humanistic Psychology, 28(4), 5–18.
Emmons, R. (2000). Is spirituality an Inteligence? International Journal for the Psychology of Religion, 10, 3–16.
Fox, M. (2011). Die verborgene Spiritualität des Mannes. Zehn Anregungen zum Erwecken der eigenen Männlichkeit. Uhlstädt-Kirchhasel: Arun.
Frankl, V. (2014). Ärztliche Seelsorge. Grundlagen der Logotherapie und Existenzanalyse (5. Aufl.). Wien: Deuticke.
Freud, S. (1907). Zwangshandlungen und Religionsübungen. Gesammelte Werke VII, Frankfurt a. M.: Fischer Taschenbuch.
Frick, E., Riedner, C., Fegg, M. J., Hauf, S., Borasio, G. D. (2006). A clinical interview assessing cancer patients' spiritual needs and preferences. European Journal of Cancer Care, 15, 238–243.
Gadit, A. (2007). Could there be a role for Shamans in the health care delivery system of Pakistan? Journal of Pakistan Medical Association,57(2), 101–3.
Geisler, L. S. (2006). »Linus Geisler.« Spiritualität in der Medizin. Arznei – Placebo-Droge? http://linus-geisler.de/art2006/dd/200602universitasspiritualitaet_medizin.pdf (Zugriff am 04.11.2019).
Giacalone, R. A., Jurkiewicz C. L. (Eds.) (2003). The handbook of workplace spirituality and organizational performance. New York: M. E. Sharpe.
Giebel, A. (2017). Spiritualität, Religiosität, Interkulturalität in der Sozialen Arbeit. In: M. Nauerth, K. Hahn, S. Kösterke, M. Tüllmann (Hg.), Religionssensibilität in der Sozialen Arbeit. Positionen, Theorien, Praxisfelder (S. 290ff). Stuttgart: Kohlhammer.
Gräßer, M., Hovermann, E. (2015). Kinder brauchen Rituale: So unterstützen Sie Ihr Kind in der Entwicklung. Stressfrei durch den Familien-Alltag. Hannover: Humboldt.
Grom sj, B. (2011). Spiritualität, die Karriere eines Begriffs: Eine religionspsychologische Perspektive. In: E. Frick, T. Roser (Hg.), Spiritualität und Medizin. Gemeinsame Sorge für den kranken Menschen (S. 12–17). Stuttgart: Kohlhammer.
Gundelach, A. (2013). Notizen zum Schamanismus. Ein spiritueller Weg der Verbindung zur Erde und zur geistigen Welt. Materialdienst der Evangelische Zentralstelle für Weltanschauungsfragen, 3, 97–102.
Hamer, D. (2004). The God gene: How faith is hardwired into our genes. New York: Doubleday Books.
Hart, T. (2003). The secret spiritual world of children. Novato: New World Library.
Harz, F. (2006). Interreligiöse Erziehung und Bildung. Archiv frühe Kindheit, Ausgabe 3/06. http://liga-kind.de/fk-306-harz/ (Zugriff am 02.05.2020).
Hay, D., Nye, R. (2006). The spirit of the child. London: Jessica Kingsley Publication.
Hall, J. (2005). Heilsteine: Kompakt und in Farbe. Augsburg: Weltbild.

Herriger, N. (2014). Empowerment in der sozialen Arbeit. Eine Einführung (5., erw. und akt. Aufl.). Stuttgart: Kohlhammer.
Höllinger, F., Tripold, T. (2012). Ganzheitliches Leben: das holistische Milieu zwischen neuer Spiritualität und postmoderner Wellness-Kultur. Bielefeld: transcript.
Horwitz, J. (1993). Shamanic Rites Seern from a Shamanic Perspective. In: T. Ahlbäck (Ed.), The Problem of Ritual (S. 40 ff.). Stockholm: Almquist & Wiskell International.
Hugoth, M. (2006). Setzt religiöse Erziehung Glauben voraus? Religiöse Kompetenz meint mehr als methodisches Wissen. Archiv frühe Kindheit 3/06. http://liga-kind.de/fk-306-hugoth/ (Zugriff am 02.05.2020).
Hosak, M. (2016). Reiki in der therapeutischen Praxis. Haug.
Houtman, D,. Aupers, St. (2007). The spiritual turn and decline of tradition. The spread of post-christian spirituality in 14 western countries, 1981–2000. Journal for the Scienticic Study of Religion 46, 305–320.
Imber-Black, J. R., Whiting, R. (Hg.) (2015). Rituale in Familien und Familientherapie. Heidelberg: Carl Auer.
Jaberi, A., Momennasab, M., Yektatalab, S., Ebadi, A., Cheraghi, M. A. (2019). Spiritual Health: A Concept Analysis. Jornal of Religion and Health, 58, 1537–1560.
Johnson, T. J., Kristeller, J. L., Sheets, L. S. (2004). Religiousness and spirituality in college students: Separate dimensions with uique and commeon correlates. https://characterclearinghouse.fsu.edu/sites/g/files/upcbnu1416/files/imported/Institute%20Proceedings/Religiousness-and-Spirituality-in-College-Students-Separate-Dimensions-with-Unique-and-Common-Correlates.pdf (Zugriff am 16.06.2020).
Jones, J. W. (2004). Religion, Health, and the Psychology of Religion: How the Research on Religion and Health Helps Us Understand Religion. Journal of Religion and Health; 43(4), 317–328.
Joyce, C., Welldon, B., (1965). The objective efficacy of prayer: A double-blind clinical trial. Journal of Chronic Diseasees, 18(4), 367–377. Amsterdam: Elsevier.
Kaiser, R., Peseschkian, H. (2016). Rituelle Reinigung. In: E. Frick, I. Ohls, G. Stotz-Ingenlath, M. Utsch (Hg.), Fallbuch Spiritualität in Psychotherapie und Psychiatrie (S. 89–95). Göttingen: Vandenhoeck & Ruprecht.
Kölsch, S. (2019). Good Vibrations: Die heilende Kraft der Musik. Berlin: Ullstein.
Kohls, N., Walach, H. (2011). »Spirituelles Nichtpraktizieren – ein unterschätzter Risikofaktor für psychische Belastung?« In: A. Büssing, N. Kohls (Hg.), Spiritualität transdisziplinär. Wissenschaftliche Grundlagen im Zusammenhang mit Gesundheit und Krankheit (133–143). Berlin, Heidelberg: Springer.
Konvalinka, I., Xygalatas, D., Bulbulia, J., Schjødt, U., Jegindø, E.-M., Wallot, S., Van Orden, G., Roepstorff, A. (2011). Synchronized arousal between performers and related spectators in a fire-walking ritual. PNAS, 108(20), 8514–8519. https://doi.org/10.1073/pnas.1016955108 (Zugriff am 02.02.2020).

Küng, H. (1990). Projekt Weltethos. München: Piper.
Landesjugendamt Sachsen (2016). Leitsätze für Diversität in der Kinder- und Jugendhilfe Sachsen-Anhalts – Empfehlungen des Landesjugendamtsausschuss (Stand 15.02.2016) http://geschlechtergerechtejugendhilfe.de/downloads/Diversity.pdf (Zugriff am 21.02.2020).
Lawson, K. (2014). Shamanism. http://www.takingcharge.csh.umn.edu/explore-healing-practices/shamanism (Zugriff am 17.02.2014).
Lemke, D., Spörrle, M., Försterling, F. (2003): Religion ist irrational und Irrationalität ist dysfunktional? In: J. Golz, F. Faul, R. Mausfeld (Hg.) (2003). Experimentelle Psychologie. Abstracts der 45. Tagung experimentell arbeitender Psychologen. Lengerich: Pabst Science Publishers.Levin, J. S. (2001). Is depressed affect a function of one's realtionship with God? Findings from a study of primary care patients. International Journal of Psychiatry in Medicine, 32, 379–393.
Lesch, H. (2019). Leschs Kosmos: Die Macht von Ritualen. Sendung vom 05.11.2019. https://www.zdf.de/wissen/leschs-kosmos/die-macht-von-ritualen-102.html (Zugriff am 04.05.2020).
Levin, J. S. (2002). Is depressed affect a function of one's relationship with God? Findings from a study of primary care patients. International Journal of Psychiatry in Medicine, 32, 379–393.
Levine, P. A. (2011). Sprache ohne Worte: Wie unser Körper Trauma verarbeitet und uns in die innere Balance zurückführt. München: Kosel.
Lucius, H. (2010). Fallbericht: Schamanische Heilmethoden bei chronischen Kopfschmerzen. Zeitschrift für Komplementärmedizin 210, 2(2), 51–54.
Lütkemeier, H. (2014). Religiosität und Spiritualität als protektive Faktoren in der Heimerziehung? Untersuchung zur Resilienzstärkung in Einrichtungen der stationären Jugendhilfe. Unsere Jugend, 66, 8–18.
MacDonald, D., LeClair, L., Holland, C., Alter, A., Friedmann, H. (1995). A survey of measures of transpersonal constructs. Journal of Transpersonal Psychology, 27, 171–235.
Maggauer-Kirsche, A. (1998). Ganz schön rot geworden. Aphorismen. Kriens: Brunner.
Maslow, A. H. (2014). Jeder Mensch ist ein Mystiker. Wuppertal: Peter Hammer.
Melchizedek, D. (2004). Aus dem Herzen leben: Verständigung ohne Worte, Schöpfung jenseits der Polarität. Burgrain: Koha.
Michl, W., Seidel, H. (2018). Handbuch Erlebnispädagogik. München: Reinhardt.
Mücke, K. (2009). Probleme sind Lösungen. Systemische Beratung und Psychotherapie – ein pragmatischer Ansatz – Lehr und Lernbuch. Potsdam: Öko-Systeme.
Müller, K. (1996). Allgemeine Systemtheorie. Geschichte, Methodologie und sozialwissenschaftliche Heuristik eines Wissenschaftsprogramms. Heidelberg: Springer.
Muff, A., Engelhardt, H. (2013). Erlebnispädagogik und Spiritualität. 52 Anregungen für die Gruppenarbeit. München: Reinhardt.

Moeberg, D. (1983/84). Subjective meassures of spiritual well-being. Review of Religious Research, 25, 351–364.

Mohr, S., Perroud, N., Gillieron, C., Brandt, P.-Y., Rieben, I., Huguelet, P. (2011). Spirituality and religiousness as predictive factors of outcome in schizophrenia and schizo-affective disorders. Psychiatry Research Volume 186(2–3), 177–182.

Moreira-Almeida, A., Lotufo Neto, F., Koenig, H. G. (2006). Religiousness and mental health: a review. Rev Bras Psiquiatr. 28(3), 242–250.

Nauerth, M., Hahn, K., Kösterke, S., Tüllmann, M. (Hg.) (2017). Religionssensibilität in der Sozialen Arbeit. Positionen, Theorien, Praxisfelder. Stuttgart: Kohlhammer.

Nicholson, F. (2019). Religious Ritual among the Celts. http://homepage.eircom.net/~shae/chapter13.htm (Zugriff am 22.08.2019).

Nick, S., Schröder J., Briken, P., Richter-Appelt, H. (2019). Organisierte und Rituelle Gewalt in Deutschland. Praxiserfahrungen, Belastungen und Bedarfe von psychosozialen Fachkräften. Trauma und Gewalt, 13(2), 114–127.177–182.

Niederschlag, H. (2016). Bedeutet Spiritualität »tugendhaft und fromm«? In: Leidfaden. Fachmagazin für Krisen, Leid, Trauer, 5(1), 21–26.

Okon, T. R. (2005). Spiritual, religious, and existential aspects of palliative care. Journal of Palliative Medicine, 8, 392–414.

Persinger, M. A. (2002a). The temporal lobe: The biological basis of the God experience. In: R. Josef (Ed.) NeuroTheology. Brain, science, spirituality, relgious experience (pp. 273–278). San Jose: University Press.

Persinger, M. A. (2002b). Experimental simulation of God experience: Implications for religious beliefs and the future of human species. R. Josef (Ed.) NeuroTheology. Brain, science, spirituality, relgious experience (279–292). San Jose: University Press.

Peterson, E. A., Nelson, K. (1987). How to meet your client's spiritzal needs. Journal of Psychosocial Nursing, 25(5), 34–39.

Praetor Intermedia UG (2020). Religiöse Kindererziehung. https://www.kinderrechtskonvention.info/religioese-kindererziehung-3529/ (Zugriff am 17.01.2020).

Rätsch, C. (2006). Räucherstoffe. Der Atem des Drachens. Aarau: AT.

Reddemann, L. (2004). Imagination als heilsame Kraft. Zur Behandlung von Traumafolgen mit ressourcenorientierten Verfahren. Stuttgart: Pfeiffer bei Klett-Cotta.

Renz, M. (2010). Grenzerfahrung Gott. Spirituelle Erfahrungen in Leid und Krankheit. Freiburg im Breisgau: Kreuz.

Ruhland, R. (2011). »Spirituelle Bildungsarbeit – Reflexionen zur Lehr- und Lernbarkeit von Spiritualität.« In: A. Büssing, N. Kohls (Hg.) Spiritualität transdisziplinär. Wissenschaftliche Grundlagen im Zusammenhang mit Gesundheit und Krankheit (197–213). Berlin, Heidelberg: Springer.

Sax, W., Quack, J., Weinhold, J. (Hg.) (2010). The Problem of Ritual Efficacy. Oxford: Oxford University Press.

Schmid, M. (2007). Psychische Gesundheit von Heimkindern. Eine Studie zur Prävalenz psychischer Störungen in der stationären Jugendhilfe. Weinheim: Juventa.

SGB VIII §§ 1–10. Achtes Sozialgesetzbuch. https://www.sozialgesetzbuch-sgb.de/sgbviii (Zugriff am 10.01.2020).

Smart, N. (2002). The world´s religions (2nd ed.). Cambridge: Cambridge University Press.

Sperry, L. (2012). Spirituality in Clinical Practice. Theory and Practice of Spirituality Oriented Psychotherapy. New York: Routledge.

Spingte, R., Droh, R. (2012). Musik in der Medizin. Neurophysiologische Grundlagen, Klinische Applikatonen, Geisteswissenschaftliche Einordnung. Berlin: Springer.

Stangl, W. (2019). Online Lexikon für Psychologie und Pädagogik. Stichwort Ritual. https://lexikon.stangl.eu/18053/ritual/ (Zugriff am 26.01.2020).

Stauss, K. (2011). Bonding Psychotherapie. Grundlagen und Methoden. München: Kösel.

Steinmann, R.-M. (2015). Spiritualität – die vierte Dimension der Gesundheit. Eine Einführung aus der Sicht von Gesundheitsförderung und Prävention (3., vollst. über. Aufl.). Zürich: Lit.

Stolz, J., Konemann, J., Schneuwly Purdie, M., Englberger, M., Kruggeler, M. (2014). Religion und Spiritualität in der Ich-Gesellschaft. Zürich: Theologischer Verlag.

Streib, H. (2017). Religiöse Orientierung, spirituelle Konstruktionen und Formen religiöser Vergemeinschaftung bei Jugendlichen In: Sachverständigenkommission 15. Kinder- und Jugendbericht (Hg.), Materialien zum 15. Kinder- und Jugendbericht München: Deutsches Jugendinstitut.

Subtle Energies und Energy Medicine (1990–2011). http://journals.sfu.ca/seemj/index.php/seemj (Zugriff am 23.03.2020).

Sue, D. W., Arredondo, P., McDavis, R. J. (1992). Multicultural counseling competencies and standards: A call to the profession. Journal of Counseling and Development, 70 (4), 477–486 (DOI:10.1002/j.1556-6676.1992.tb01642.x).

Teresa von Ávila (2012). Die Seelenburg. Köln: Anaconda.

Thiersch, H. (2017). Die Herausgeberinnen und Herausgeber im Gespräch mit Hans Thiersch über Soziale Arbeit, Religion und Lebensweltorientierung. In: M. Nauerth, K. Hahn, S. Kösterke, M. Tüllmann (Hg.), Religionssensibilität in der Sozialen Arbeit. Positionen, Theorien, Praxisfelder (S. 29–40). Stuttgart: Kohlhammer.

Tschinag, G. (1994). Der blaue Himmel. München: Suhrkamp.

UN (1948). Die Allgemeine Erklärung der Menschenrechte. Resolution 217 A (III) vom 10.12.1948. https://www.ohchr.org/EN/UDHR/Pages/Language.aspx?LangID=ger (Zugriff am 17.01.2020).

UNHCR/WHO (1996). Mental health of refugees https://www.who.int/mental_health/resources/mh_refugees_1996/en/ (Zugriff am 03.05.2020).

UN-Kinderrechtskonvention (1989). In: BMFSJ (2010). Übereinkommen über die Rechte des Kindes. VN-Kinderrechtskonvention im Wortlaut mit

Materialien. https://www.bmfsfj.de/blob/93140/78b9572c1bffdda3345d-8d393acbbfe8/uebereinkommen-ueber-die-rechte-des-kindes-data.pdf (Zugriff am 17.01.2020).

Utsch, M. (2014). »Einleitung.« In: M. Utsch, R. Bonelli, S. Pfeifer. (Hg.), Psychotherapie und Spiritualität. Mit existenziellen Konflikten und Transzendenzerfahrungen professionell umgehen (S. 1–9). Heidelberg: Springer.

Utsch, M., Bonelli, R., Pfeifer, S. (2014). Psychotherapie und Spiritualität. Mit existenziellen Konflikten und Transzendenzerfahrungen professionell umgehen. Heidelberg: Springer.

Vaitl, D. (2012). Veränderte Bewusstseinszustände: Grundlagen – Techniken – Phänomenologie. Stuttgart: Schattauer.

Van Kampenhout, D. (1996). Heilende Rituale. Verbesserung der Lebensqualität. Freiburg im Breisgau: Bauer.

Vitz, P. (1995). Der Kult ums eigene Ich. Gießen: Brunnen.

Von Gontard, A. (2015). Spiritualität von Kindern und Jugendlichen. Allgemeine und psychotherapeutische Aspekte. Stuttgart: Kohlhammer.

Wahrig, G. (2012). Wörterbuch der deutschen Sprache/Symbol. München: dtv.

Walach, H. (2005). »Spiritualität als Ressource.« Deutsche Zeitschrift für Onkologie 37, 4–12.

WHO, Teilnehmer*innen der 6. Weltkonferenz (2005). Bangkok Charta für Gesundheitsförderung in einer globalisierten Welt.« http://www.who.int/healthpromotion/conferences/6gchp/BCHP_German_version.pdf?ua=1 (Zugriff am 30.03.2020).

Wilber, K., Ecker, B., Anthony, D. (1998). Meister, Gurus, Menschenfänger: Über die Integrität spiritueller Wege. Frankfurt a. M.: Fischer.

Wüschner, D. (2004). Warum Chillis scharf machen: Die geheimnisvollen Kräfte von Obst, Gemüse und Kräutern. München: AT.

Zwingmann, C. (2004). Spiritualität/Religiosität und das Konzept der gesundheitsbezogenen Lebensqualität: Definitionsansätze, empirische Evidenz, Operationalisierungen. In: C. Zwingmann, H. Moosbrugger (Hg.), Religiosität: Messverfahren und Studien zu Gesundheit und Lebensbewältigung. Neue Beiträge zur Religionspsychologie (S. 215–237), Münster: Waxmann.